Y. 379⁄6.
2

Y. 3922. porté
S.

LE PHILOSOPHE ANGLOIS,

OU HISTOIRE DE MONSIEUR CLEVELAND,

FILS NATUREL DE CROMWEL,

Ecrite par lui-même,
ET TRADUITE DE L'ANGLOIS;

Par l'Auteur des Memoires d'un Homme de qualité.

TOME SIXIE'ME

A UTRECHT,
Chez ETIENNE NEAULME.
M. DCC. XXXVIII.

AVERTISSEMENT.

*D*Ans quelque tems qu'on se détermine à mettre au jour la suite du *Philosophe Anglois*, & soit qu'on fasse paroître ensemble ou successivement les trois Volumes qui restent à publier, j'exige de l'Imprimeur qu'il y joigne cette courte Preface.

De quantité d'Editions des premieres Parties, qui ont paru en France & dans les Païs étrangers, il ne s'en est pas fait une sous mes yeux ; & n'ayant pas même été consulté, j'ai eu le chagrin de ne pouvoir suivre le conseil de mes Amis, ni ma propre inclination, qui me portoient à retoucher quelques endroits dont j'ai sû que diverses personnes ont fait des plaintes. Un Ecrivain abandonne son manuscrit à la presse ; il n'est pas surprenant que la foiblesse naturelle l'ait entraîné dans quelque erreur : & la même raison empêchant presque toujours qu'il ne s'en apperçoive, il attend, s'il est de bonne foi, que la censure du Public vienne l'éclairer, disposé à réparer ses fautes dans les éditions suivantes. Mais que lui sert cette disposition, si ceux qui s'attribuent le droit de réimprimer son Ouvrage, lui ôtent la liberté de le corriger ?

AVERTISSEMENT.

Il paroîtra jusqu'ici que je ne pense point à me défendre contre de justes reproches. Avec une maniere de penser si raisonnable, ne me sera-t'il pas permis de repousser aussi ceux qu'on m'a faits injustement? Je me suis purgé tant de fois du plus odieux, qu'il me paroîtroit inutile d'y revenir, si l'importance du sujet n'étoit capable de justifier mes répetitions. On n'a pas eu honte de m'accuser d'avoir donné quelque atteinte à la Religion. Ma réponse est dans vingt endroits de mes Ecrits; & si elle n'a pas forcé mes accusateurs à changer d'opinion, je les accuse à mon tour d'aveuglement ou de malignité. En effet, pour me servir des termes que j'ai déja employés, comment pourroit-on méconnoître un but aussi marqué & un enchaînement aussi clair que celui des Avantures du Philosophe Anglois? On a dû voir dans M. Cleveland, un homme qui n'a point reçu pendant sa jeunesse d'autres principes de Religion que les connoissances naturelles; qui pendant une grande partie de sa vie n'a point eu l'occasion d'en acquerir d'autres; qui a cru devoir s'y borner, tant qu'elles ont suffi pour servir de regle à ses mœurs, & pour entretenir la paix dans son cœur, ce qu'il appelle le bonheur & la sagesse; mais qui reconnoît enfin leur impuis-

AVERTISSEMENT.

sance dans l'excès de ses infortunes, lorsqu'il sent qu'elles ne peuvent servir de remede à ses douleurs, & qui les abandonne par desespoir. Il s'est convaincu néanmoins par le raisonnement, que la justice du Ciel doit un remede à tous nos maux, surtout lorsqu'ils ne sont pas volontaires. Il le desire, mais sans sçavoir où le chercher. S'il reçoit par intervalles quelques idées de Religion, c'est au hazard qu'il les doit, & ses malheurs continuels ne lui permettent pas de les approfondir. Elles ne se présentent point d'ailleurs de cette façon, qui porte la lumiere dans l'esprit, & qui est capable d'instruire & de persuader. Aussi demeure-t'il si destitué d'appui, qu'il est prêt de tomber dans les dernieres foiblesses. Il n'a plus les secours de la Philosophie, ausquels il a renoncé; & il manque de ceux de la Religion, qu'il ne connoît point encore. Il n'est soutenu que par un reste de sagesse, qui ne mérite point ce nom, puisqu'elle est sans principe, & qu'elle n'est plus qu'un effet de l'habitude.

Cependant un homme d'un caractere tel que le sien, ne peut demeurer longtems dans un état si triste. Le sentiment de sa misere devient si vif, que toute son ardeur se réveille pour en chercher le remede. Il fait de nou-

AVERTISSEMENT.

veaux efforts. Le hazard, ou plutôt la Providence le met en liaison à Rouen avec le Comte de Clarendon ; & c'est dans les entretiens de cet illustre ami, qu'il trouve la paix du cœur & la véritable sagesse, avec la parfaite connoissance de la Religion.

Tel est le plan du Philosophe Anglois. Si mes accusateurs l'ont compris, comment m'ont-ils accusé de favoriser le Déïsme, dans un Ouvrage, dont le but au contraire est de montrer qu'il n'y a ni paix du cœur ni véritable sagesse sans la connoissance & la pratique de la Religion ? En vain prétendront-ils qu'on peut tirer de quelques raisonnemens particuliers de M. Cleveland, les consequences qu'ils leur attribuent. C'est entrer mal dans la situation d'un homme d'esprit, qui cherche, qui délibere, qui raisonne sur ses lumieres présentes, & qui a toujours soin d'ailleurs de faire entendre qu'il est arrivé dans la suite à des connoissances plus parfaites.

Cette derniere remarque devoit servir aussi à prévenir une autre objection. Les derniers Tomes, a-t'on dit, n'ont point encore paru. On ne sçauroit deviner que Cleveland deviendra un jour bon Chrétien. Je réponds qu'on pouvoit le deviner si l'on eût fait atten-

AVERTISSEMENT.

tion que cela étoit annoncé dans la Préface & dans cent endroits de l'Ouvrage, surtout au Tome IV. où M. Cleveland l'apprend lui-même à ses Lecteurs, & où il parle avec douleur de ses foiblesses ; ce qui suppose qu'en les écrivant, il est dans un état de lumiere qui les lui fait condamner.

Que manque-t'il à cette justification ? Et s'il est étrange que mes accusateurs ayent si mal conçû le dessein d'un Ouvrage où l'on ne me reproche point d'être obscur ; ne le seroit-il pas encore plus qu'il leur restât quelque défiance de mes sentimens après cette explication ?

Plût à Dieu qu'il me fût aussi aisé de satisfaire à d'autres plaintes, que je n'ai pas même attendues pour en sentir la justice, & pour lesquelles je n'ai point de réponse plus simple que l'aveu que je fais de les avoir méritées. On m'attendoit sans doute à ce détroit ; mais je ne cherche point à l'éviter : & je suis persuadé qu'après une erreur, le premier degré de réparation, & la meilleure marque de repentir, c'est de se reconnoître coupable par une confession libre & sincere. J'avoue donc que le cours de mon Ouvrage demandant l'intervention d'un Ecclesiastique vicieux ; je me suis figuré que rien n'étoit

AVERTISSEMENT.

plus capable d'en faire un personnage interessant, que de le prendre dans une Compagnie celebre, dont le mérite même & la réputation donnassent plus d'éclat au contraste, & de lui attirer ainsi l'attention de mes Lecteurs par l'étonnement même de le voir dans un Corps où l'on n'est point accoutumé à trouver des gens qui lui ressemblent. C'est-à-dire, que ma faute consiste à l'avoir fait Jesuite par les raisons qui devoient m'en empécher, & qu'en croyant attacher mes Lecteurs par le merveilleux, je ne me suis pas moins écarté de la vraisemblance que de la justice. Mais je puis protester du moins que je suis de bonne foi dans mes excuses ; & de quelque maniere qu'elles soient reçues, c'est un sentiment que je ne veux jamais perdre.

Ainsi dans quelque main que mon manuscrit puisse tomber, j'exige qu'on en retranche jusqu'à la lettre initiale J... qui pourroit rappeller les traces du passé, & qu'il ne reste de cette chimere, que ce qui est absolument nécessaire pour servir de passage à des caracteres & à des descriptions plus justes. Le Tableau que j'ai fait du College de Louis le Grand, dans le Livre XII. ne paroîtra flaté ou incertain qu'à ceux qui n'ont jamais visité cette celebre Ecole de Science & de vertu.

AVERTISSEMENT.

Je n'ai point d'explication à donner sur le reste de l'Ouvrage. L'impatience avec laquelle on m'a fait l'honneur de le desirer, me rassureroit peut-être contre bien des craintes, si ce n'étoit d'ailleurs une raison d'attendre moins d'indulgence de la Critique. Quoi qu'il en soit, je me flate que Cleveland, Fanny, & Cécile, ne perdront pas aisément la faveur qu'ils ont trouvée aux yeux du Public; pour peu, du moins, que j'aye réussi à leur conserver le caractere qui leur a fait obtenir tant de glorieux suffrages.

Fautes qui demandent néceſſairement d'être corrigées.

Page 6 ligne 9. motifs, *liſez* mots. P. 10. l. 2. ôtez le point, & ne mettez qu'une virgule après bleſſures. P. 12. l. 8. ces, *liſ.* ſes. P. 14. l. 20. reveiller, *liſ.* recueillir. P. 17. l. 8. voir pour apprendre *liſ.* voir & pour apprendre. P. 19. l. 9. C'eſt, *liſ.* c'eſt. Ibid. l. 11. mettez un point après innocence, & *liſez* C'eſt, au lieu de c'eſt. Ibid. lig. dern. avec une vive, *liſ.* avec un redoublement d'indignation. P. 24. l. 14. eſt, *liſ.* étoit. P. 73. l. 24. & qu'elle prit parti, *liſ.* & qu'elle prit un moment parti. P. 84. l. 2. ſans époux, *liſ.* ſans mon époux. P. 126. l. 17. précaution, *liſ.* prévention. P. 136. l. 26. tous enſemble, *effacez* tous. P. 168. l. 14. & 15. *liſez* ne l'auroit jamais conſolée. P. 211. l. 12. me livrer, *liſ.* m'enſevelir. P. 28.. l. 1.. ſur la route, *liſ.* pendant le reſte du voyage. P. 310. l. 3. deux Dames Françoiſes, *liſ.* une Dame Françoiſe. P. 317. l. 18. des le trouble, *liſ.* comme le trouble

S'il y a d'autres fautes, on y ſuppléera aiſément.

NB. Il eſt bon d'avertir qu'on n'a mis *Tome ſixiéme* à la tête de ce volume, que pour s'accommoder à la derniere édition des premieres Parties, qui ſe vendent en cinq Tomes chez PRAULT fils & chez DIDOT, quoique la premiere édition de l'Ouvrage qui s'eſt faite à Utrecht en 1732. ne ſoit qu'en quatre Tomes, qui contiennent exactement la même choſe.

LE PHILOSOPHE ANGLOIS,

OU

HISTOIRE DE Mʀ. CLEVELAND, FILS NATUREL DE CROMWEL.

LIVRE HUITIEME.

Recommencerai-je sans cesse à m'affliger, & l'image de mes anciens malheurs me sera-t'elle toujours présente ! Quelle étrange familiarité ai-je contractée avec la douleur ? Dans la situation tranquille dont le Ciel me permet de jouir depuis quelques années, à couvert du moins de ce déluge d'infortunes, qui ont ruiné ma constance & mes forces dans la plus belle saison de ma vie, la paix ne devroit-elle pas rentrer dans mon cœur ? N'est-il pas tems que j'oublie mes peines ; & lorsque la fortune m'accorde un peu de repos, aurai-je encore à combattre mon imagination, qui a toujours été ma plus cruelle ennemie après elle ? Mais par quel charme se fait-il que le mal qu'elle me cause, & les tourmens même dont je me plains, sont devenus ma plus douce & ma plus chere occupation ? Un malade peut-il chérir le poison qui le tue ? J'aime, je crains, j'espére, je m'afflige & je me trouble encore, dans un tems où j'ai perdu tout ce qui a ouvert l'entrée de mon cœur à ces terribles sentimens. Toute la douceur de ma vie est de les entretenir, comme le précieux reste de ce qui les a causés. Je ne me lasse donc pas de répéter mon dessein : je continue d'écrire pour nourrir ma tristesse, & pour en inspirer à tous les cœurs sensibles qui sont capables de s'attendrir & de s'affliger avec moi.

L'impatience que j'avois d'apprendre le retour de Madame, cessa deux jours après, par l'arrivée d'un de ses Gentilshommes, qui demanda d'une maniere pressante à m'entretenir un moment. Quoique les Chirurgiens m'eussent recommandé la solitude & le silence, ma sœur qui sçavoit que mes blessures n'étoient pas le plus dangereux de mes maux, crut que cette marque de bonté & d'attention, de la part d'une Princesse pour qui j'avois le dernier attachement, contribueroit plus à ma guérison que tous les remedes. Le Gentilhomme étoit d'ailleurs un de mes amis, que la bonté de Madame lui avoit fait choisir exprès pour cette commission. Après quelques marques de l'interét qu'il prenoit lui-méme à ma situation, il me dit en peu de mots, que me trouvant beaucoup plus mal qu'il ne se l'étoit figuré, il se croyoit obligé de changer quelque chose aux ordres dont il étoit chargé ; mais qu'il ne doutoit pas que sur le rapport de ce qu'il avoit vû, Madame ne le renvoyât chez moi, le jour même, avec d'autres explications ; qu'elle devoit arriver le soir à Saint-Cloud, où elle avoit esperé que je pourrois me faire transporter, pour apprendre d'elle-même mille choses qu'il m'importoit de sçavoir, & dont elle croyoit ne pouvoir trop-tôt m'informer; qu'il ignoroit les raisons secrettes de son empressement; mais qu'elle lui avoit recommandé plusieurs fois de me répéter que j'étois plus heureux que je ne le pensois, & qu'elle faisoit son propre soin de mon bonheur. Il ajouta que mes blessures lui paroissant trop dangereuses pour me permettre de quitter ma maison, il alloit attendre la Princesse à Saint-Cloud, où elle seroit surprise en arrivant de ne me pas trouver moi-même.

Le soin de ma vie ne me touchoit point assez pour me la faire ménager beaucoup. Cependant comme je ne voyois dans le compliment que je venois de recevoir, qu'une marque ordinaire de l'affection dont Madame m'honoroit, je crus que le bruit de mon avanture étant allé jusqu'à elle dans le lieu où elle avoit passé la nuit, son dessein étoit de me consoler par de nouvelles assurances de sa protection. Ma réponse fut conforme à cette pensée; & sans porter mes vûes plus loin, je priai ma sœur de se rendre sur le champ à Saint-Cloud, pour lui marquer ma vive reconnoissance à son arrivée. Je la chargeai aussi de lui expliquer les circonstances de l'entreprise de Gelin, & de la conjurer au nom de sa génerosité d'employer son pouvoir en faveur de ce miserable, autant pour lui sauver la vie, qu'il devoit perdre infailliblement par le dernier supplice, que pour mettre à couvert l'honneur de Mylord Axminster & le mien. Ma sœur partit. Je demeurai avec avec M. de R.... & sa fille, qui avoient été présens à ce court entretien, & qui avoient pris dans un autre sens que moi les ordres de Madame. Ils me proposerent leurs conjectures. Vous verrez, me dit M. de R... que Madame est informée de votre inclination pour Cecile, & que le desir qu'elle a de contribuer à votre repos l'aura portée à lever une partie des obstacles par une recommandation aussi puissante que la sienne. Cecile pensoit de même sans oser s'expliquer. Je me rappellai alors tout ce que je venois d'entendre, & je trouvai en effet quelque chose d'obscur dans les dernieres expressions du Gentilhomme. Cette assurance répétée d'un bonheur que j'ignorois, avoit une apparence de myftere, dont il fembloit que Madame voulût fe réferver l'explication. Mais à quel bonheur pouvois-je prétendre, dans l'excès d'abbattement où la tristesse me réduisoit encore plus que la douleur de mes bleffures? Je répondis à M. de R... avec un profond foupir, que fi fon amitié ne fe trompoit pas en ma faveur, c'étoit effectivement ce qui pouvoit m'arriver de plus heureux.

La nuit étoit fort avancée lorfque ma fœur revint de Saint Cloud; mais n'ayant pû prendre encore que peu de momens d'un fommeil tranquille, je fouffrois volontiers que M. de R... vînt dans ma chambre à toutes les heures, & qu'il me tirât par fa préfence ou par quelques motifs d'entretien d'un abîme de réflexions trop fombres. Son zéle l'auroit empêché d'en fortir, fi les Chirurgiens n'euffent donné d'autres ordres. Il y étoit à l'arrivée de ma fœur; & l'impatience d'entendre ce qu'elle avoit à me raconter, le fit approcher de mon lit avec elle. Je remarquai que cette curiofité la chagrina. Au lieu de commencer le récit que j'attendois, elle me fit un éloge fi vague de la bonté de Madame & de l'interet qu'elle prenoit à ma santé, que M. de R... s'apperçut lui-même qu'elle usoit de quelque déguisement. Il s'imagina que c'étoit par ménagement pour l'état où j'étois; & me voyant en effet quelques marques d'agitation, il proposa à ma sœur de se retirer. Elle le suivit sans affectation; mais à peine l'eut-elle vû tourner vers son appartement, que revenant sur ses pas, elle s'assit auprès de mon lit, & elle me prit la main, qu'elle serra avec un mouvement passionné. Je la regardai fixement. Je vis de l'émotion sur son visage, & je la priai de parler. Mon Dieu! me dit-elle, par où dois-je commencer, & de quels termes me servirai-je pour vous apprendre ce que vous ne devez pas ignorer un moment. La présence de M. de R... m'a gênée. Je crois que vous m'approuverez d'avoir attendu que je fusse seule avec vous. Ah! mon frere, ajouta-t'elle, en me serrant de nouveau les mains, quel récit ai-je à vous faire!

Je confesse que cette préparation m'altéra le sang, jusqu'à me causer une sueur froide, dont je me sentis les mains & le front tout humides. Ce n'est pas que l'air & le ton de ma sœur eussent rien de funeste ; mais je la voyois comme pénétrée d'étonnement & de tristesse, dans un tems où je n'attendois que de la consolation, par l'arrivée & les dernieres promesses de Madame. Hélas ! lui dis-je, à quoi dois-je m'attendre encore ? Achevez donc promptement, si c'est quelque nouveau malheur. Elle se hâta de me répondre que c'en étoit un, mais un malheur passé, & qu'elle avoit regret que la maniere dont elle s'étoit expliquée, parût me causer quelque allarme ; qu'il lui étoit impossible néanmoins de me raconter avec plus d'ordre des choses qui n'en pouvoient recevoir ; qu'elle étoit encore embarrassée où prendre le commencement de sa narration ; qu'elle ne pouvoit venir au nœud tout d'un coup, parce qu'il dépendoit de tant de circonstances délicates, qu'elle ne se croyoit point capable d'en juger ; qu'il falloit qu'elle les reprît l'une après l'autre, & que j'eusse la patience de les entendre, en me persuadant seulement d'avance que j'avois plus à espérer qu'à craindre, & que Madame elle-même en portoit un jugement tout-à-fait favorable.

L'ardeur avec laquelle je l'écoutois ne me permettant point de l'interrompre, elle continua de me dire que Madame avoit couché à Chantilly la nuit précédente, qu'elle y avoit reçû le matin du même jour la visite de Fanny, & que c'étoit d'elle-même qu'elle avoit appris mon dernier malheur; qu'ayant été d'autant plus surprise de la voir, qu'elle s'étoit fait annoncer sous un nom supposé, elle lui avoit fait connoître d'abord qu'elle étoit informée de la vérité de ses avantures; que Fanny, dont le dessein étoit d'en venir elle-même à cette explication, s'étoit jettée aussi-tôt à ses genoux, avec une abondance de larmes, & des sanglots si violens, que sa vie même avoit paru quelques momens en danger; qu'étant revenue à elle avec beaucoup de peine, elle avoit imploré de la maniere la plus touchante le secours du Ciel & la compassion de Madame; que ses plaintes, ses agitations, & toutes les marques de son désespoir ne pouvoient être représentées, & que Madame confessoit elle-même qu'elle avoit peine à comprendre comment une femme d'une complexion si délicate avoit pû ressentir, sans mourir, les mouvemens d'une si impétueuse douleur.

Madame qui ignoroit encore les nouvelles raisons qu'elle avoit de s'abandonner à cet excès d'affliction, avoit voulu d'abord la consoler avec sa bonté ordinaire, par tous les motifs qu'elle pouvoit tirer des dispositions de la providence ; & s'imaginant que c'étoit le repentir qui agissoit sur son cœur avec cette violence, elle avoit commencé à lui parler de la douceur de mon caractere, comme d'une raison d'espérer que je pourrois quelque jour oublier ses foiblesses passées. Mais c'étoit-là, me dit ma sœur, que ses larmes avoient recommencé avec une nouvelle abondance, & que dans la confusion de mille choses que son transport lui faisoit dire, tantôt me reprochant mon injustice, tantôt vantant son innocence, tantôt rappellant notre bonheur passé, & revenant toujours avec quelque exclamation douloureuse à mon nouveau mariage & à ma blessure. Madame qui étoit véritablement touchée de cette scéne, & qui ne comprenoit rien à une partie de ce qu'elle entendoit, l'avoit priée de lui expliquer plus nettement en quoi elle avoit besoin de ses bons offices, & de l'aider à comprendre ce que signifioient ma blessure, mon mariage, & l'injustice qu'elle me reprochoit. Elle avoit ainsi tiré d'elle quelques éclaircissemens interrompus, qui n'avoient fait qu'augmenter sa curiosité, parce que ne s'accordant point avec la plûpart des idées que je lui avois fait prendre de ma conduite par des récits tout différens, elle se trouvoit obligée de nous soupçonner l'un ou l'autre de dissimulation & de mauvaise foi ; & peut-être que l'impression présente d'un désespoir aussi vif que celui de Fanny, avoit fait pencher de son côté la balance. Quoi qu'il en soit, elle s'étoit crû interessée à lui donner toute l'attention nécessaire pour s'éclaircir, & c'étoit cet important entretien que ma sœur craignoit de ne pouvoir me raporter assez fidélement. Elle acheva néanmoins sa relation, dont je veux laisser le jugement à mes Lecteurs avant que de représenter l'effet qu'elle produisit sur moi.

Fanny se prétendoit innocente ; & loin de se reconnoître au portrait que j'avois fait à Madame de sa trahison & de son infidélité, elle avoit traité de calomnies infernales toutes les accusations qu'on avoit formées contre sa vertu. Ce n'étoit pas sur moi néanmoins qu'elle en faisoit tomber le reproche. Non : elle confessoit, disoit-elle, que le Ciel m'avoit donné un cœur droit ; mais j'étois facile & crédule. Je m'étois laissé empoisonner par sa rivale ; & c'étoit à cette femme détestée qu'elle attribuoit tous ces malheurs. Elle n'en avoit connu toute l'étendue que depuis deux jours. Accablée de douleurs dans sa retraite de Chaillot, sur tout depuis le fatal consentement que je lui avois fait demander à notre séparation, elle y invoquoit la mort comme le seul remede d'une infortune qui ne pouvoit plus finir ; lorsque Gelin qu'elle avoit toujours pris pour un ami honnête & fidéle, étoit venu l'avertir du noir complot qui se tramoit à Charenton. Les liaisons qu'il y avoit en qualité de Protestant lui avoit fait découvrir que je pensois à faire dissoudre mon mariage, & qu'ayant besoin de prétexte pour autoriser une entreprise qui blessoit toutes les loix, je me fondois sur les plus affreuses impostures. Il lui avoit exageré cet outrage, & la prenant par un autre intérét, qui étoit celui de sa sûreté même, dans le Convent de Chaillot, où elle ne manqueroit point de passer bien-tôt pour une malheureuse adultere, & d'être exposée aux insultes, ou peut-être au châtiment ; il l'avoit mise dans une situation de cœur & d'esprit si cruelle, qu'elle auroit préferé la mort à la sentence du Consistoire dont elle étoit menacée. Il avoit profité adroitement de sa consternation pour lui proposer de sortir du monastere & de se venger de moi en l'épousant ; mais n'ayant pû se faire écouter, il l'avoit quittée en affectant plus de douleur que de colere, & en lui promettant de hazarder sa vie même pour mériter la faveur qu'il lui demandoit. Elle n'avoit point donné d'autre sens à cette promesse que celui qui devoit naturellement se présenter ; c'est-à-dire qu'elle attendoit des marques de zéle, des services, tels qu'elle en avoit reçûs de lui dans mille occasions ; & ne prévoïant pas même qu'il fût capable de la secourir, elle n'avoit plus d'espoir que dans la bonté du Ciel ; lorsque le Chapellain de Chaillot, à qui elle avoit fait la confidence de ses peines étoit venu lui donner avis que le misérable Gelin m'avoit assassiné dans ma propre maison, & qu'il s'étoit même servi de son entremise pour s'y faire introduire par un Chanoine de Saint Cloud. Une nouvelle si terrible & si imprévue l'avoit réduite au même moment à l'extrémité ; mon ingratitude, ma dureté, ma perfidie n'avoient point empêché l'amour de lui faire sentir les plus mortels tourmens. C'étoit encore un de ses miracles qu'elle eût retrouvé assez de force dans sa tendresse même & dans le doute cruel où elle étoit de ma vie, pour s'informer aussitôt de l'état où mon assassin m'avoit laissé. Ayant appris que mes plaies n'étoient pas désespérées, mais n'osant présenter à mes yeux un objet aussi odieux qu'elle me l'étoit devenu, elle avoit pris le parti, sur le bruit qui s'étoit répandu de l'arrivée de Madame, & dans la confiance qu'elle avoit à sa bonté, de réveiller toutes ses forces pour aller au devant d'elle pour implorer sa pitié, pour lui redemander son époux, son honneur, tout ce qu'elle avoit de cher & de précieux aux yeux de Dieu & des hommes, & pour mourir à ses pieds, si elle avoit le malheur de ne pas l'obtenir.

Le caractere tendre & généreux de Madame l'avoit rendu extrêmement sensible à ce discours. Cependant comme elle n'avoit point oublié le détail de mes plaintes qu'elle avoit pris plaisir à me faire répéter plusieurs fois, elle avoit demandé naturellement à Fanny, comment elle pouvoit être si touchée de mon accident, après m'avoir abandonné dans l'Isle de Sainte Helene, après les complaisances qu'elle avoit eues pour un autre amant, après m'avoir livré sans pitié à tous les excès de la douleur & du désespoir ; car j'en suis témoin, lui avoit dit cette excellente Princesse, j'ai vû des larmes qui n'étoient pas feintes, j'ai entendu des regrets & des soupirs qui partoient d'un cœur malheureux, & qui se croïoit trahi par l'amour. Fanny avoit paru embarrassée de toutes ces questions ; & passant sur ce qui me regardoit comme si le sens en eût été obscur pour elle, elle avoit fait des plaintes ameres de l'opinion que Madame avoit de sa conduite. Tout ce qu'il y a de sacré au ciel & sur la terre avoit été attesté en faveur de son innocence. Elle avoit confessé que sa fuite de Sainte Hélene pouvoit passer pour une démarche libre & imprudente dans l'esprit de ceux qui ignoroient le triste état où mon mépris l'avoit réduite ; mais n'ayant rien à se reprocher, & se sentant aussi sûre de son innocence que de sa misere, elle ne s'attendoit pas, avoit-elle répondu, qu'une Princesse toute généreuse dont elle venoit solliciter la compassion & le secours, pût prendre plaisir à augmenter sa tristesse par des imputations si cruelles & si peu méritées. L'air consterné dont elle avoit accompagné cette courte justification, avoit tellement touché Madame, que ne se sentant point la force de l'affliger davantage, & par un effet peut-être du penchant qu'elle m'avoit toujours marqué pour elle, il n'avoit plus été question que de caresses, de consolations, & de tous les témoignages de bonté dont cette aimable Princesse assaisonnoit toujours ses faveurs. Elle avoit embrassé Fanny avec une vive tendresse ; elle avoit plaint ses peines, elle l'avoit flattée sur ses charmes ; elle l'avoit exhortée à tout espérer de l'avenir ; & formant à l'heure même un projet digne de sa générosité sur l'opinion qu'elle prenoit déja de son innocence, & sur la certitude qu'elle avoit de la mienne, elle avoit fait appeller un de ses Gentilshommes qu'elle avoit char-

gé

gé de la commission que j'avois reçue avant midi, & de l'ordre de me faire transporter le soir à S. Cloud si mes blessures me le permettoient. Son premier soin avoit été de s'informer si j'y étois à son arrivée. Ma sœur ajouta que dans l'ardeur qu'elle lui avoit marquée pour me voir, pour m'apprendre d'autres circonstances qu'elle se réservoit à me communiquer elle-même, elle la croyoit capable de me venir surprendre dans ma maison.

J'étois immobile pendant ce récit. Toute l'attention de mon ame étoit fixée par la nouveauté de tant d'objets qui se présentoient en foule à mon imagination. Il ne falloit rien craindre de l'agitation de mes esprits pour ma blessure. Jamais un calme si profond n'avoit regné dans tous mes sens. Fanny innocente ! Fanny telle que je l'avois aimée ! Un tel prodige étoit-il au pouvoir du Ciel ? L'innocence peut-elle être rendue à une perfide ? Je ne l'avois pas perdue de vue un moment pendant le discours de ma sœur ; je l'avois suivie dans toutes ses attitudes & tous ses mouvemens ; à genoux aux pieds de Madame, pâle, prête à s'évanouir, fon-

B

dant en larmes & prononçant mille fois mon nom avec autant de soupirs. J'avois observé curieusement ses yeux, son visage, le son de sa voix. J'avois tiré des indices de ses moindres traits & des conjectures du plus leger changement. Enfin revenant à moi-même après cette espece de songe, je me tournai vers ma sœur qui attendoit impatiemment ma réponse. Non, lui dis-je avec une obstination qui la surprit, je n'ai point tant de crédulité pour de trompeuses apparences. Puis sortant malgré moi de cette fausse tranquillité qui commençoit à me peser : Ah ! m'écriai-je avec le plus amer sentiment du monde, ce n'est plus un bonheur auquel il me soit permis de penser, & j'ai honte de l'ardeur avec laquelle je le souhaite encore.

Mais si votre cœur le désire, reprit ma sœur, pourquoi vous refusez-vous la satisfaction de l'espérer, jusqu'au nouvel éclaircissement que Madame vous promet ? C'est une douceur que vous devriez saisir avidement dans l'état où vous êtes. Je ne me suis hâtée de vous voir que dans cette vûe. Je vous demande à vous-même, lui répondis-je, ce que vous pensez de votre récit au fond du cœur. Etes-vous assez aveugle pour ne pas lire au travers de tous ces artifices ? Faut-il ici des yeux si perçans ? Il n'y a que la bonté extrême de Madame & sa prévention, qui puisse mettre un voile si épais sur les siens. Qu'aura-t'elle de plus à m'apprendre ? Encore des larmes, des plaintes, des cris de douleur : C'est un langage aussi familier à l'imposture qu'à l'innocence ; ce qu'il falloit justifier, c'étoit la trahison d'une infame qui a pris le tems de mon sommeil pour quitter mon lit & se jetter entre les bras de l'indigne assassin qu'elle m'a préféré ; c'étoit la lâcheté qu'elle a eue de l'aimer, le crime qu'elle a commis en m'ôtant son cœur, la honte ineffaçable dont elle s'est couverte en courant volontairement le monde avec son ravisseur, l'affreux état où elle m'a jetté, & peut-être le noir dessein de ma mort, auquel elle s'efforce en vain de déguiser la part que son amant lui a fait prendre. Cependant la perfide ose encore attester le Ciel, qui ne doit plus lui réserver que des châtimens. Elle a le front de m'accuser d'injustice & de cruauté ! Moi, ma sœur ! continuai-je avec une vive indignation, moi, qui n'en ai jamais eu que pour moi-même par les tristes effets d'une honteuse constance & d'une douleur insensée qui m'ont mis vingt fois au bord du tombeau. Elle se plaint que je me prépare à un nouveau mariage, lorsqu'avec un reste d'honneur elle devroit le désirer elle-même pour ensevelir éternellement la mémoire du sien ; elle crie impétueusement, elle pleure avec éclat. Ne voyez-vous pas l'orgueil & l'hypocrisie qui se prêtent la main, & qui jouent habilement le rôle de la vertu ? Femme sans pudeur ! Monstre horrible ! L'ombre de ton pere ne reviendra-t'elle pas pour t'épouventer par ses menaces, & pour t'inspirer du moins quelque remords ?

L'agitation où je retombois insensiblement, porta ma sœur à rompre cet entretien pour me parler de Gelin & des mesures que Madame avoit déja prises avec les Juges de Saint-Cloud. Sans répondre directement aux instances que je lui avois fait faire d'employer son autorité pour le sauver du supplice, elle avoit fait appeller le Chef de la Justice, & lui avoit témoigné en présence de ma sœur qu'elle souhaitoit que les procédures fussent encore suspendues quelques jours. Après avoir tiré de lui cette assurance, elle l'avoit prié de lui envoyer le lendemain le Criminel sous une bonne garde, & d'avoir soin que ses mains fussent liées assez étroitement pour ne causer d'inquiétude à personne. Son dessein étoit, non seulement de le voir, par la curiosité que ses avantures devoient lui inspirer, mais de l'entretenir seul & de le faire raisonner sur une infinité de points qu'elle vouloit approfondir. Elle avoit particulierement recommandé au Juge d'éviter l'éclat, & l'ordre étoit donné d'employer un carrosse du Château. Il ne faut pas douter, me dit ma sœur, que la vûe de Madame ne soit d'éclaircir bien des doutes, & que ce soin ne serve ensuite à nous procurer quelques lumieres ; car malgré la force de vos raisons, ajouta-t'elle, & la crainte de vous causer trop d'agitation qui m'empêchoit tout à l'heure d'y répondre, je ne puis m'empêcher de répéter encore que j'ai le même penchant que Madame à croire aujourd'hui votre épouse moins coupable. Je laisse continua-t'elle, sa fuite avec Gelin & sa longue absence, dont j'avoue que le nœud m'embarasse toujours ; mais quand je me rappelle le fond de son caractere, sa douceur, sa droiture, sa haine pour l'artifice, & tant d'autres qualitez excellentes que je lui ai connues dans une longue familiarité ; quand je songe sur tout à cette modestie scrupuleuse & timide que j'ai remarquée mille fois dans les moindres circonstances de sa conduite, & que je la compare à l'excès d'effronterie & d'impudence dont elle auroit eu besoin pour soûtenir le rôle audacieux que vous lui attribuez aujourd'hui ; je ne trouve rien dans mes idées qui m'aide à rapprocher des choses si éloignées ; d'ailleurs Madame n'est pas une Princesse à qui l'on puisse reprocher de la legereté & de la précipitation. Elle s'est entretenue long-tems avec elle, elle l'a fait parler, elle l'a écoutée ; comptez que, dans une scene de cette nature, les personnages contrefaits n'en imposent pas long-tems à un spectateur éclairé, qui connoît le vrai ressort des passions par une continuelle expérience du monde. Cependant Madame est tout-à-fait déclarée pour elle, & je ne vous ai pas dit qu'elle n'a même souffert qu'impatiemment mes objections. J'interrompis ma sœur. Que voulez-vous conclure, lui dis-je, que Fanny est innocente, & que c'est nous qui sommes coupables ? qu'elle m'a quitté par tendresse ? qu'elle a suivi Gelin par un effort de fidelité conjugale? Non, répondit ma sœur, mais je cherche quelque temperament qui puisse concilier tant de contrarietez. Si vous ne pouvez la croire innocente, croyez-la touchée d'un repentir qui surpasse peut-être ses fautes. J'allois l'interrompre encore pour lui faire sentir que c'étoit la défendre mal, lorsque tournant la tête vers la porte de ma chambre où j'entendois quelqu'un qui s'avançoit doucement, je reconnus le *** mon zélé Directeur. Il avoit empêché mes domestiques de m'annoncer son arrivée ; & me faisant valoir cette attention, qui venoit de la crainte d'interrompre mon repos, il me protesta dans les termes les plus tendres que personne n'avoit été si touché que lui de ma funeste avanture. Il en avoit appris la premiere nouvelle à Saint Cloud, me dit-il, de la bouche même de Madame, qui lui avoit fait un reproche d'être informé si tard de la triste situation d'un de ses meilleurs amis ; & n'ayant pas besoin d'autre éguillon que son zéle, il venoit me rendre aussi-tôt les devoirs de l'amitié.

Quoique la sincerité de son compliment me fût aussi suspecte que sa présence m'étoit incommode, j'eus la patience de l'entendre, & de vouloir éprouver jusqu'où il étoit capable de porter la dissimulation. Sa curiosité sur la cause & les circonstances de mes blessures n'avoit point été satisfaite à Saint Cloud, parce que le secret est une des principales faveurs que j'avois pris la liberté de faire demander à Madame. Aussi n'avoit-il rien épargné depuis un quart d'heure qu'il étoit chez moi pour tirer la vérité de mes domestiques. Toute son adresse n'ayant pû leur faire oublier mes ordres, il avoit vu Madame Lallin, qui ne s'étoit pas laissé pénétrer plus facilement. On s'étoit contenté de lui dire, suivant le bruit que j'en avois fait répandre, qu'un furieux avec qui j'avois eu quelque démêlé dans une ville étrangere, m'avoit surpris dans ma chambre & m'avoit assassiné lâchement pour se venger. Peut-être

être y trouva-t'il peu de vraisemblance ; mais remettant à s'éclaircir par d'autres voyes, il affecta de m'en parler dans le sens que je paroissois désirer, & il m'exhorta d'un ton fort chrétien à faire au Ciel le sacrifice de mon ressentiment. Ma sœur, qui haïssoit jusqu'à son nom depuis l'aveu que M. Lallin nous avoit fait de sa malignité, prit occasion de quelque affaire domestique pour se retirer & me laisser seul avec lui.

A peine étoit-elle sortie que paroissant se recueillir & méditer quelque chose d'importance, il cessa de m'entretenir pendant quelques momens. Dans la foiblesse où j'étois, & l'imagination remplie des dernieres réflexions de ma sœur, je ne pouvois avoir beaucoup d'ardeur pour la conversation ; ainsi j'attendois patiemment qu'il lui prît envie de parler. Enfin rompant le silence avec un air composé, il me dit que malgré la crainte de me causer un peu d'incommodité par un long discours, l'amitié dont il faisoit profession pour moi, ne lui permettoit pas de différer un moment quelques ouvertures qu'il croyoit nécessaires à ma sûreté ; que sans me recommander le secret, il se flattoit que j'allois sentir moi-même de quelle conséquence il étoit pour lui que j'y fusse fidéle, & qu'il n'y avoit effectivement que la certitude de ma discrétion & le sincére attachement qu'il me portoit, qui pussent faire passer un homme de sa profession sur les raisons qui l'obligeoient au silence. Vous êtes depuis quelques mois à S. Cloud, continua-t-il en baissant la voix, & dans quelque solitude que vous y ayiez vécu, vous ne devez pas douter que mille gens ne vous y ayent observé. Ceux qui vous voyent de loin, sans connoître aussi parfaitement que moi l'innocence de vos mœurs & la sagesse de vos principes, ont pris de vous une opinion si peu favorable, que l'ayant communiquée à quelques personnes d'autorité, elle vous expose à tout ce qu'un honnête homme peut appréhender de plus fâcheux. Figurez-vous, poursuivit-il, que les uns vous font passer non seulement pour un homme sans religion, mais pour le corrupteur de celle d'autrui ; les autres plus particuliérement pour un Emissaire des Protestans voisins de la France, qui n'êtes ici que pour répandre ou confirmer l'erreur, &

pour faciliter l'évasion des Déserteurs du Royaume. Vos accusateurs citent l'exemple de M. de R... qui se prépare, disent-ils, par vos conseils à se retirer en Angletere. Ils citent sa fille, qu'ils croïent réfugiée chez vous, où l'on doute si son honneur est plus en sureté que sa religion. On s'efforce ainsi d'irriter contre vous l'autorité civile & le zéle ecclésiastique. Les plus ardens ont proposé de vous faire arrêter, pour éclaircir par le fond votre conduite & vos desseins. L'ordre en seroit déja porté, si je n'avois eu le bonheur de le faire suspendre par le zéle avec lequel j'ai pris vos interêts. Votre péril m'a touché jusqu'au fond du cœur, ajouta-t-il en me jettant un regard tendre, j'ai loué votre esprit & votre savoir, j'ai parlé de vous comme d'un homme de distinction que Madame honore de son amitié, & qui méritoit d'être respecté, sur-tout dans l'absence de cette Princesse qu'on risqueroit d'offenser en vous maltraitant. J'ai demandé du tems pour vous observer de plus près, & j'ai promis un rapport exact & fidéle. Enfin je me suis rendu votre caution pendant quelques semaines, qui m'ont été accor-

C ij

dées pour veiller sur vos démarches; j'aurois fait davantage, si je n'avois appréhendé de me rendre suspect par un excès de zéle.

Il ne paroissoit pas prêt à s'arrêter ; mais je l'interrompis. Le souvenir des aveux de M. Lallin m'étoit trop présent, pour ne pas démêler tout d'un coup que ces protestations de service & d'amitié étoient autant d'artifices. La persécution que j'avois à craindre étoit celle qu'il m'avoit suscitée, & tout ce détail n'étoit que l'histoire de sa propre haine, à laquelle il donnoit un autre nom. Il ne me restoit que ses motifs à pénétrer ; mais je n'eus pas besoin non plus de me consulter long-tems pour juger que ses premieres démarches ayant eu peu de succès, & le retour de Madame lui faisant prévoir que j'allois être plus à couvert que jamais sous une si puissante protection, il vouloit tirer avantage de sa malignité même, soit pour se rétablir dans ma confiance par de fausses marques d'attachement, soit pour faire renaître plus aisément l'occasion de me trahir à l'ombre de la familiarité & de l'amitié. Cette pensée me causoit assez d'indignation pour me faire rompre toutes fortes de mesures ; cependant forcé par mille raisons de garder des ménagemens, je me contentai d'interrompre un discours que je n'étois plus capable de supporter. Ma reconnoissance, lui dis-je, sera proportionnée à vos services. Je suis dans un état, ajoutai-je avec un soupir, où l'on ne peut me chagriner sans cruauté ; mais j'ai une si juste confiance dans la justice du Roi, dans la bonté de Madame, & dans la droiture de mon propre cœur, que des craintes de cette nature ne peuvent me causer le moindre trouble. Je méprise ceux qui pensent à me persécuter, parce que je n'ai donné à personne aucun sujet de me haïr. Il vouloit répliquer. Je le priai civilement de considérer que le repos m'étoit nécessaire, & de remettre le reste de cet entretien après ma guérison. Enfin s'étant levé, je me croyois délivré de sa présence ; mais il s'arrêta encore, & se baissant vers moi : s'il est vrai que la belle Cécile soit chez vous, me dit-il affectueusement, vous m'accorderez sans doute la liberté de la voir. Quelque chagrin que cette proposition me causât, comme j'y étois à demi préparé, je me

C iij

hâtai de lui répondre sans aucune marque d'embarras, que c'étoit de M. de R.. qu'il devoit obtenir la permission qu'il me demandoit ; que Cécile étoit en effet chez moi, mais avec son pere & ma belle-sœur, & que l'innocence de mes sentimens ne demandant aucun mistere, je confessois volontiers qu'elle devoit être bientôt mon épouse ; il me serra la main avec un air d'approbation, & il me fit entendre par un souris qu'il croyoit en lire beaucoup plus au fond de mon cœur.

L'indiscrétion de M. Laïlin m'avoit mis dans la nécessité de m'expliquer avec cette ouverture, car je ne pouvois entreprendre de faire passer ses aveux pour des imaginations, ni même de tenir plus long-tems le dessein de mon mariage & mes autres desseins cachés. Cependant un pressentiment secret sembloit m'avertir que je commettois une imprudence. M. de R... à qui je communiquai aussi-tôt ce qui venoit de m'arriver, en eut la même opinion, quoiqu'il reconnût en même tems que si c'étoit une faute, elle avoit été indispensable. Sa qualité de Sujet du Roi rendant ses craintes beaucoup plus vives que les miennes, il me dit naturellement qu'il croyoit désormais sa fille aussi peu à couvert dans ma maison que dans la sienne, & que l'état de ma santé ne pouvant me permettre si-tôt de finir l'affaire de Charenton, il en revenoit au premier conseil que je lui avois donné de faire partir Cécile pour Rouen. Il avoit pris des mesures pour se défaire secrétement de son bien. Si elles réussissent, me dit-il, aussi promptement que je l'espere, je prévois que je me trouverai libre à peu près dans le même tems que vous commencerez à vous rétablir de vos blessures. Alors notre départ ne sera pas différé d'un moment. Qui empêche même, ajouta-t-il, que vous ne fassiez partir vos Dames avec ma fille, & que nous ne disposions ainsi de longue main tout ce qui peut hâter notre voyage?

Je ne pouvois rien opposer de raisonnable à ce projet. La peine que devoit me causer l'éloignement de Cécile étant balancée par la vûe des dangers que son pere me faisoit appréhender pour elle, je me sentis le cœur plus facile à gouverner qu'il ne l'eût été dans d'autres circonstances ; ou plûtôt pour ne rien laisser d'obscur dans mes plus intimes sentimens, le trouble qui me restoit du dernier entretien de ma sœur, & l'abbatement inexprimable dans lequel j'étois tombé par tant de degrés, m'avoient presque réduit à ne plus distinguer par quels mouvemens j'étois le plus agité. Dans cette confusion de cœur & d'esprit, que je ne me sentois ni la force ni la volonté d'éclaircir, je résolus d'abandonner à un homme dont la sagesse & la discrétion m'étoient connues, des soins que je ne pouvois prendre moi-même. Oui, lui dis-je, faites-les partir si elles y consentent ; je remets tout à votre amitié. Il se hâta plus que je ne pensois d'exécuter cette résolution. A peine le *** fut-il retourné à S. Clou pour se rendre au souper de Madame, qui lui avoit donné ordre de lui rapporter des nouvelles de ma santé, qu'il déclara à sa fille & à ma belle-sœur le parti que nous avions pris de concert. Il fallut se pourvoir sur le champ de tout ce qui étoit nécessaire pour la route. En moins d'une heure le carosse fut prêt & mes gens à cheval. Drink que Milord Clarendon avoit vû à ma suite à Orléans, fut chargé de lui expliquer les raisons de cette fuite précipitée, & de le prier de ma part au nom de l'amitié qu'il m'avoit jurée, d'accorder un afile auprès de son épouse à ce que j'avois de plus cher. Cécile partit au milieu de la nuit, avec ma belle-sœur, ma niece & mes deux fils. Nous avions compris aussi Madame Lallin dans cette disposition, mais elle demanda instamment la liberté de demeurer. Ses avantures passées, dont le souvenir ne pouvoit encore être effacé à Rouen, ne lui permettoient gueres d'y reparoître avec bienséance ; & ma sœur avoit d'autant plus goûté cette raison, que ne s'éloignant de Saint Clou qu'à regret dans l'incertitude de ma guérison, elle étoit bien aise de laisser auprès de moi une personne dont le zéle pouvoit suppléer au sien.

Quoique le sommeil n'eut pas succédé un moment à toutes les agitations que j'avois essuiées, ce ne fut que le lendemain à l'heure du réveil que j'appris de M. de R. le départ de Cécile & de ma belle-sœur. Il ne me cacha point qu'outre l'inquiétude qui le tourmentoit pour sa fille, l'envie de m'épargner de nouvelles peines dans une séparation qui m'auroit été douloureufe, l'avoit porté à les faire partir fans me dire adieu. L'impatience de les revoir, me dit-il, fera un motif de plus pour vous faire hâter votre guérifon. Comme il ne laiffoit pas de remarquer que je recevois cette nouvelle avec de profonds foupirs, il ajouta que le deffein de ma fœur étoit de revenir dans peu de jours, ou du moins auffi-tôt qu'elle auroit pourvû à la fûreté de nos enfans ; qu'elle nous apporteroit quelques lumieres qu'il l'avoit priée de fe procurer fecrétement fur les moyens de faciliter notre paffage en Angleterre ; que nous ne perdrions pas enfuite un moment, dût-il abandonner tout fon bien : que pour les démarches qu'il avoit faites au confiftoire, il étoit d'avis de les interrompre fans retour, puifque l'état où j'étois ne permettoit point de les pouffer avec une certaine ardeur, & que toute la diligence dont on pourroit ufer après mon rétabliffement n'égaleroit point celle avec laquelle nous pourrions nous rendre à Londres, & terminer la difficulté par des voies beaucoup plus courtes. Ainfi, conclut-il, tout dépendra du foin que vous allez prendre d'entretenir le calme dans votre cœur & votre esprit, pour ne rien opposer à l'effet des remédes. Je ne lui répondis point. Il n'en prit pas moins une plume, pour écrire de ma part à Mylord Clarendon ; & m'aïant lû sa lettre qui n'étoit qu'une confirmation des ordres qu'il avoit donnés à Drink, il me la présenta pour la signer. Je la signai avec le même silence. Il me quitta, pour faire partir un autre de mes gens qu'il avoit réservé pour la porter.

Mon dessein n'est pas de m'arrêter ici trop long-tems à faire observer ma situation ; mais je dois confesser que j'étois peut-être au dernier état où la force & la constance aient jamais été réduites. Ce n'étoit plus des mouvemens de douleur ni des agitations violentes ; le pouvoir de les sentir étoit comme éteint dans mon cœur. Ce que je voudrois représenter n'a point de ressemblance avec les sentimens connus. C'étoit une langueur qui tenoit de l'insensibilité plûtôt que du désespoir, mais dont l'effet étoit mille fois plus terrible que tout ce que j'avois jamais ressenti de plus funeste, puisqu'il sembloit tendre à l'obscurcissement de toutes mes facultez naturelles, & me conduire par degrés à l'annéantissement. J'avois tous mes malheurs présens, & cette vûe ne me causoit plus d'émotion. Je n'étois plus capable ni de les distinguer, ni de les comparer, ni de faire deux réfléxions suivies sur leur nombre & leur force. Leur aspect n'en étoit pas moins horrible, mais ils étoient vis-à-vis de moi comme une troupe d'assassins cruels, qui se reposeroient tranquillement près d'un malheureux sur lequel ils auroient exercé toute leur rage ; & moi sans épouvante & sans mouvement près d'eux, comme si je n'eusse plus rien eu à attendre de leur fureur après tout ce que j'en avois essuié. Affreuse extrémité, que je ne puis me rappeller encore sans trouver un reste de consternation dans mon ame ! Il est vrai que la perte de mon sang & l'épuisement de mes esprits causé par ma blessure, pouvoit contribuer beaucoup à cette espéce d'égarement. La nouvelle imprévûe du départ de Cecile & de ma famille avoit achevé d'affoiblir ma raison en m'ôtant l'unique soutien qui me restoit. Je ne tenois plus à rien ; tout sembloit se dérober autour de moi. J'étendois la main par intervalles, comme pour saisir les seules choses ausquelles je croyois pouvoir m'attacher, & la tenant étendue sans pouvoir même la serrer, il n'y avoit point d'instant où je ne me crusse prêt à tomber dans un vuide immense, qui me causoit, comme j'ai dit, la même horreur que l'approche du néant. Les Chirurgiens me rappellerent un peu à moi-même par divers secours qu'ils me forcerent d'accepter avant que de visiter mes playes. Ils assurerent, après les avoir pansées, qu'elles étoient moins dangereuses qu'ils ne l'avoient cru les deux jours précédens. Mais qu'auroit-ce été si la prudence & l'amitié de M. de R... ne m'eussent caché ce qu'il apprit avant la fin du jour?

Les Dames étoient parties sous l'escorte de cinq hommes, assez résolus, & assez bien armés pour les défendre contre toutes sortes d'accidens pendant une marche qui ne pouvoit durer plus de vingt-quatre heures. Cependant à la pointe du jour, qui commença à les éclairer vers Saint Germain, l'équipage fut arrêté par une compagnie de Gardes à cheval, qui imposerent respect à mes gens en leur faisant voir un ordre du Roi. Drink ne manquoit pas plus d'esprit que de résolution. Il conçut que la résistance ne pouvoit être d'aucun avantage, & se persuadant d'abord qu'il étoit uniquement question de Cecile, il pria l'Officier de lui expliquer plus particuliérement ses intentions. Apprenant que l'ordre regardoit indifferemment les Dames & les Enfans qui étoient dans la voiture, il se réduisit à demander dans quel lieu on se proposoit de les conduire, & à obtenir la liberté de les suivre. On refusa de le satisfaire d'abord pour le lieu, mais le reste lui fut accordé, & l'Officier qui paroissoit exécuter à regret sa commission, lui permit au même moment de détacher un homme de l'équipage, pour apporter cette fâcheuse nouvelle à Saint Cloud. Le Messager ne trouvant point chez moi M. de R... qui s'étoit rendu au Château pour recevoir les ordres de Madame, & s'informer de ce qui s'étoit passé au sujet de Gelin, eut la discretion de passer sans s'ouvrir à personne ; & n'ayant point tardé à le joindre, il eut encore la prudence de lui communiquer si sécretement le malheur qu'il venoit lui annoncer, qu'il le rendit abfolument maître de le cacher ou de le découvrir à fon gré. M. de R... étoit un homme d'efprit & d'expérience, que le reffentiment le plus vif & le plus imprévû n'étoit point capable d'engager dans une fauffe démarche. Quoique les circonftances fuffent fi claires, qu'il ne pouvoit douter un moment du fort de fa fille, & qu'il ne fût pas moins aifé de juger de quelle main le coup étoit parti, il vit le *** qui étoit encore à Saint Cloud, fans laiffer paroître la moindre altération. Mais s'étant procuré l'honneur d'entretenir fécrettement Madame, il lui ouvrit fon cœur en lui demandant fa protection. Ce n'étoit pas une chofe extraordinaire qu'une Proteftante de l'âge de Cecile fût enlevée à fon pere, pour être inftruite dans un Couvent; & comme il n'étoit point à craindre qu'elle y fût maltraitée, Madame ne trouva point le mal auffi terrible que M. de R. fe le figuroit. Cependant elle regarda d'un autre œil ce qui étoit arrivé à ma belle fœur & à mes enfans, qui étant étrangers & fe difpofant à quitter un pays où ils ne s'étoient rendus coupables de rien, ne pouvoient être arrêtés avec aucune apparence de justice. Ce tour qu'elle donna d'abord à sa réponse auroit moins chagriné M. de R... s'il eut conçû que c'étoit la seule envie de l'obliger qui lui faisoit déguiser une partie de ses sentimens ; car prévoyant bien qu'elle auroit peine à faire excepter Cecile d'un usage qui s'observoit dans toutes les parties du Royaume à l'égard des Protestans Sujets du Roi, elle pensoit à lui rendre service indirectement, en portant ses plaintes à la Cour au nom de ma belle sœur, & en demandant la liberté non seulement pour elle, mais pour toutes les personnes qui l'accompagnoient, & qu'il étoit aisé, avec un peu de faveur, de faire passer pour autant d'étrangeres. Madame, qui formoit sur le champ ce projet, ne s'expliqua point assez ouvertement pour calmer les allarmes de M. de R... Il crut remarquer de la froideur sur son visage ; & n'insistant pas plus long-tems, il se retira pour chercher quelque reméde plus convenable à son impatience.

Il revint néanmoins chez moi ; mais affectant de me cacher sa peine, il ne me parla que de Gelin, & de la curiosité que Madame avoit eue de l'entretenir. Elle avoit passé près d'une heure avec lui. On ignoroit encore le sujet d'une conversation si extraordinaire, & Gelin avoit été resserré ensuite dans la même prison; mais le Geolier avoit reçu ordre de le traiter avec plus de douceur, sans cesser de le garder étroitement. Avec quelques précautions qu'il eût été conduit au Château, il avoit été difficile de le derober aux yeux de tout le monde. Quelques femmes de Madame qui s'étoient efforcées de prêter l'oreille à l'entretien secret, croyoient l'avoir entendu parler de repentir & d'espérance de grace. Ce qui augmentoit l'obscurité du mistére, c'est qu'immédiatement après l'avoir renvoïé, Madame avoit fait partir un Officier de confiance, pour une commission secrete. On raisonnoit beaucoup sur cette démarche, dont personne ne pénétroit la cause. M. de R... lui-même que j'avois prié de s'expliquer avec la Princesse sur le ton d'un homme qui avoit toute ma confiance, n'avoit reçu d'elle pour toute réponse que des souhaits ardens pour ma guérison, & de nouvelles assûrances du soin qu'elle prenoit de mon bonheur.

D

Il me dit après ce récit, que les Chirurgiens ayant meilleure opinion de mes blessures, & l'assurant que ma vie n'étoit point en danger, il alloit me quitter jusqu'au jour suivant, & me remettre au zéle de Madame Lallin. L'envie de disposer ses affaires pour notre départ fut le seul motif qu'il m'apporta.

Son absence dura moins qu'il n'avoit pû se l'imaginer. En sortant de ma chambre, il trouva Drink qui arrivoit avec toute la vîtesse de son cheval, & qui lui épargna des soins qu'il alloit prendre inutilement. Pour suivre la loi que je me suis imposée jusqu'ici de m'attacher à l'ordre des événemens, je ne dois pas remettre plus loin des explications que je n'obtins moi-même qu'à la longue & par dégrés. Il étoit vrai, comme je me le figurois, que le *** cherchoit aussi ardemment l'occasion de me chagriner, qu'il avoit désiré auparavant celle de me servir & de me plaire; mais beaucoup plus avancé que je ne m'en étois défié, la visite qu'il m'avoit rendue la veille, & que j'avois regardée comme un voile dont il vouloit couvrir ses desseins, en étoit déja l'exécution. Si l'espérance qu'il avoit eue de me perdre moi-même avoit été refroidie par le refus qu'on avoit fait de suivre ses instigations, & s'étoit peut-être évanouie tout-à-fait par le retour de Madame, il avoit résolu de me causer du moins le plus mortel déplaisir dont il me crût capable, en m'ôtant Cecile, & en me privant d'un bien que je ne voulois plus tenir de lui. Cette entreprise lui avoit peu coûté. Rien ne paroissoit si louable dans un Etat Catholique, que le soin de faire instruire les jeunes Protestans, & ce prétexte étoit employé à toute heure pour enlever du sein de leur famille des enfans de toutes sortes de conditions. C'étoit le coup que M. de R... avoit toujours apprehendé. Mais il devint bien plus infaillible & plus facile, lorsque le *** ayant représenté que Cecile étoit perdue entre mes mains, parce que je me proposois de l'épouser, & de la conduire en Angleterre, il eut fait voir en même tems que dans l'état où me réduisoient mes blessures, elle pouvoit m'être enlevée sans bruit, & peutêtre sans que personne de ma maison s'en apperçût. Il se chargea lui-même de servir de guide aux Gardes, & de lever tous

D ij

les obstacles. C'étoit dans cette vûe qu'il étoit venu chez moi ; les ouvertures qu'il m'avoit faites étoient moins pour se rétablir dans mon amitié, dont il sentoit bien qu'il n'avoit plus rien à se promettre, que pour s'assurer par tant de civilitez la permission de voir Cecile &, s'il eut été nécessaire, celle de passer la nuit dans ma maison, que je ne pouvois lui refuser avec bienséance, même en le croyant perfide. Il avoit voulu reconnoître l'appartement qu'elle occupoit, & si c'étoit encore celui du Parc, où rien n'auroit été plus facile que de la surprendre.

En effet après m'avoir demandé la liberté de la voir, & s'en être servi pour tirer adroitement d'elle & des autres Dames toutes les lumiéres qu'il désiroit, il n'avoit plus pensé qu'à joindre les Gardes, avec lesquels il étoit convenu d'un rendez-vous. Mais avant que de sortir, sa curieuse malignité avoit encore trouvé plus heureusement de quoi se satisfaire. En quittant les Dames, il avoit vû rentrer dans leur appartement M. de R... qui sortoit du mien. Il avoit évité sa rencontre, & ne doutant point qu'il ne dût leur parler de sa visite, il étoit retourné sans bruit à leur porte, où il n'avoit pas perdu un seul mot de l'ordre qu'il leur portoit de partir, & des circonstances de leur marche. C'en étoit plus qu'il n'eût osé prétendre, s'il eut eu lui-même la disposition des événemens. Il se hâta de paroître au souper de Madame, pour couvrir jusqu'au bout l'imposture ; ses gardes l'attendoient aux environs de Saint Clou, & la trahison pouvoit être executée à vingt pas de mes murs ; mais un autre projet, que sa haine lui inspira dans cet intervalle, lui fit differer son dessein de quelques heures. Il crut que le moyen de m'accabler encore plus cruellement, étoit de faire arrêter en même tems ma sœur avec sa fille & mes enfans. Comme il falloit un nouvel ordre, il dépêcha un de ses Gardes avec quelques lignes de sa main, par lesquelles il avertissoit M. D. L. que Cecile partoit cette même nuit pour l'Angleterre, accompagnée de plusieurs enfans de la Religion qui se sauvoient comme elle hors du Royaume, & qu'il étoit facile de se saisir d'une si belle proie. Le Garde revint avec l'Expédition, que le reste de l'Escouade attendoit, & faisant la derniere diligence, ils joignirent l'équipage près de Saint Germain. L'ordre portoit que les filles fussent conduites au Couvent le plus proche du lieu où elles seroient arrêtées, & les garçons chez les PP. Jesuites au Collége de Louis le Grand.

L'Officier qui commandoit les Gardes n'avoit point eu d'autre raison pour refuser d'abord de s'expliquer sur le lieu, que la crainte de trouver quelque résistance ; mais ne voyant que de la douceur & de la tristesse dans ses captifs, il confessa à ma sœur qu'il avoit la liberté du choix, & il fut assez civil pour le faire dépendre d'elle-même. Quoiqu'elle dût regarder du même œil toute demeure dont on prétendoit lui faire une prison, un mouvement d'inclination pour Fanny lui fit demander Chaillot. Elle y fut menée à l'instant avec Cecile, & sa fille ; mes deux fils furent conduits le même jour au Collége des Jesuites. Drink aïant vû ses services inutile, sétoit revenu aussitôt avec le reste de mes gens, pour rendre compte de son malheur à M. de R. & le premier ordre qu'il reçut de lui & de Madame Lallin fut de ne se pas présenter devant moi de quatre jours, qui étoient à peu près le tems qu'il auroit employé au voyage de Rouen.

Ce fut du moins un sujet de consolation pour M. de R... que de sçavoir sa fille si proche de lui. Il se flatta que la satisfaction de la voir ne lui seroit pas refusée, & cette espérance le fit rentrer dans ma chambre avec un air de contentement que je remarquai. Il n'y fut qu'un moment. La raison qu'il m'apporta de son retour fut prononcée d'une maniere si vague & si distraite, que j'y soupçonnai du déguisement. Cependant comme elle n'en étoit pas moins accompagnée de cette effusion de joye qui m'avoit frapé d'abord, & qu'un cœur satisfait n'a jamais l'art de déguiser entiérement, je ne sentis point naître de nouvelle inquiétude dans le mien. Il me dit que venant d'apprendre par un Exprès, que ses affaires prenoient un cours assez favorable, il ne seroit pas si long-tems à me revoir qu'il l'avoit cru, & qu'il comptoit de venir passer la nuit chez moi. Il m'embrassa avec une ardeur qui confirmoit encore ce que j'avois pensé. Mais quelque intérêt que je prisse à tout ce qui le touchoit, je ne lui fis point de queſtion incommode, & j'attribuai ſa joye à la tranquillité d'eſprit où je le croyois déſormais pour ſa fille.

Il s'en falloit bien qu'il m'eût communiqué la moindre partie d'un ſentiment ſi doux. Je demeurai au contraire plus triſte & plus languiſſant que jamais après ſon départ, & la comparaiſon que je fis malgré moi de ſon état au mien, ſervit à me replonger tout d'un coup dans la plus ſombre & la plus mortelle mélancolie. Je me ſentis néanmoins plus de force que je n'en avois eu depuis trois jours, pour refléchir & pour raiſonner, ſoit que l'appareil qu'on venoit de renouveller ſur mes bleſſures eût un peu rafraîchi mon ſang, ſoit que la pitié du ciel qui prévoyoit la nouvelle ſcene de tourmens & de douleurs à laquelle je touchois, voulût ranimer ce qui me reſtoit de vie & de chaleur pour me rendre capable de la ſupporter. Mais je ne me ſentis pas plus porté à juger de mon ſort & à me ſervir de cette lueur de raiſon pour pénétrer dans les obſcuritez qui m'environnoient. C'étoit déſormais l'affaire du ciel. J'écartois toutes les idées dont la préſen-

ce

ce qui pouvoit me forcer à l'examen de ma condition, & à celui même de mes défirs ou de mes craintes. A quoi m'eût-il servi de me fatiguer fans efpérance ? Je ne m'arrêtois qu'à des confidérations génerales, qui n'avoient aucun pouvoir pour me foutenir; mais qui n'ajoutoient rien non plus au poids qui m'accabloit, & qui nourriffoient mes peines fans les aigrir.

J'étois dans cet état lorfqu'on vint m'avertir que Madame étoit dans fon caroffe à la porte de ma maifon, & qu'elle demandoit fi ma fanté me permettoit de la recevoir un moment. Madame Lallin n'ayant ofé fe préfenter pour lui répondre, & mes domeftiques Anglois fe conformant à l'intention de M. de R... qui leur avoit défendu de paroître devant moi jufqu'à fon retour, c'étoit mon Maître d'Hôtel qui s'étant trouvé heureufement à la porte, avoit reçû ordre de m'annoncer cette honorable vifite. J'effayai mes forces; le danger de ma vie ne m'auroit pas empêché de quitter mon lit pour courir moi-même au-devant d'une telle faveur, fi mes jambes épuifées ne fe fuffent refufées à mes defirs.

Tome VI.   E

Je répondis qu'autant qu'il étoit triste pour moi de ne pouvoir marquer autrement mon respect à une si grande Princesse, autant je recevrois de joïe & de consolation de sa présence. Elle eut la bonté de se faire introduire. J'entendis qu'elle s'approchoit de mon appartement, & qu'elle n'étoit pas seule. Mon cœur étoit extraordinairement agité, & j'attribuois ce mouvement à la surprise que devoit me causer une si rare condescendance. Mais pourquoi tant d'art pour conduire mes Lecteurs au récit que je leur prépare ? Veux-je leur ménager le plaisir d'une situation imprévûe, & faire un spectacle amusant de ma douleur ? Ah ! je brise ma plume, & j'ensevelis pour jamais au fond de mon cœur le souvenir de mes infortunes & de mes larmes, si j'ai besoin de secours & d'ornemens pour les retracer. Reprenons plûtôt les choses dans leur simple origine, & laissons à démêler dans la suite de ma narration comment j'ai été informé de mille circonstances, que je place dans un tems où je les ignorois.

Le penchant que Madame avoit toujours eu pour Fanny, s'étoit tellement fortifié dans l'entretien qu'elle avoit eu avec elle à Chantilly, qu'elle n'étoit occupée depuis ce tems-là que de sa compassion pour ses peines, & du soin de rétablir sa fortune & son honneur. C'étoit dans cette vûe qu'elle avoit souhaité de voir Gelin, & de l'interroger rigoureusement sur tout ce qu'elle avoit trouvé d'obscur & d'incertain dans les détails qu'elle avoit entendus de ma bouche ou de celle de Fanny. Elle avoit pris soin d'obtenir un ordre du Roy, qui assujettissoit le Bailly de Saint-Cloud à tous les siens. Mais comme il pouvoit arriver qu'un malheureux qui n'avoit plus qu'un pas jusqu'au supplice, s'efforçât d'altérer la vérité pour déguiser ses crimes, elle avoit jugé nécessaire que Fanny fût présente elle-même à cette explication, ou du moins qu'elle fût assez près du coupable pour être à portée de l'entendre. Après avoir pris de justes mesures avec les Officiers de la Justice, elle l'avoit fait prier de se rendre au Château, où elle avoit eu soin de la faire arriver secretement; & l'ayant placée dans un endroit favorable de son cabinet, elle n'avoit point eu de repos jusqu'au moment que Gelin y fut amené. Enfin le Chef de la Justice, qui s'étoit chargé lui-même de le conduire, fit annoncer son arrivée à l'heure marquée. Il tenoit son prisonnier par le bout d'une chaîne pesante, qui le serroit au milieu du corps, & d'où partoit une autre chaîne qui lui prenoit les mains. Madame parut d'abord un peu effrayée de ce spectacle ; mais s'étant assurée qu'il n'étoit capable de rien entreprendre dans cette situation, elle le retint seul, & elle commença avec lui un entretien dont elle avoit médité le sujet. Elle lui déclara que son sort dépendoit de sa sincérité dans les réponses qu'il alloit faire à ses demandes, & lui représentant d'un côté toute l'horreur du supplice qu'il ne pouvoit éviter, elle lui fit voir de l'autre qu'avec les mesures qu'elle avoit déja prises, elle pouvoit rompre ses chaînes, & lui sauver la vie au même moment.

Il branla la tête avec un souris fier & dédaigneux, comme s'il eût affecté de paroître également insensible aux promesses & aux menaces. Ensuite prenant un ton doux & civil, il répondit qu'une si grande Princesse n'avoit pas besoin d'employer la violence pour tirer de lui ce qu'il étoit porté à confesser volontairement, & par le seul respect qu'il avoit pour elle. Malgré cette affectation de constance il parut un peu déconcerté, lorsqu'au lieu de l'interroger simplement sur les motifs de son assassinat, Madame lui parla de ma famille, de l'Isle de Cube, de l'Isle de Sainte-Helene, & de la Corogne, avec un détail de faits & de circonstances, qui lui fit connoître qu'elle étoit informée de tous nos secrets. Cependant il s'expliqua avec beaucoup de présence d'esprit, & toutes ses réponses furent nettes & précises. Il distingua les lieux & les tems, il apporta des preuves, il nomma des témoins, & mêlant à chaque article quelque sentiment tendre ou quelque soupir, qui marquoient la violence de sa passion pour Fanny, il revint à l'indigne action qu'il avoit commise, & il ne se fit pas presser pour convenir qu'il s'étoit couvert de la plus honteuse infamie. Mais de quoi n'est-on pas capable, ajouta-t'il, en baissant les yeux, avec ma vivacité naturelle & la funeste passion qui me dévore ? J'aurois massacré mon pere dans les mêmes circonstan-

E iij

ces ! Il continua de raconter qu'après avoir quitté Fanny à Chaillot, de la maniere que je l'ai rapporté, il avoit rencontré le Chapelain du Couvent, & que le connoiſſant pour un homme vertueux à qui elle avoit donné ſa confiance, il lui avoit communiqué la propoſition qu'il venoit de lui faire de l'épouſer, la dureté qu'elle avoit eue de rejetter ſes offres après tant de ſervices & d'amour, & le déſeſpoir où ce refus étoit capable de le jetter ; que le Chapelain touché de ſa douleur, avoit entrepris de le conſoler, en lui repréſentant que Fanny qui avoit embraſſé la Religion Catholique depuis ſon ſéjour à Chaillot, ne pouvoit diſpoſer de ſon cœur ni de ſa main auſſi longtems que je ferois au monde ; & que ſuivant les loix de l'Egliſe Romaine la ſéparation d'un mari n'autoriſoit point une femme à former d'autres engagemens ; que cette confirmation de la ruine irréparable de ſes eſpérances avoit fait monter ſa fureur au comble ; qu'il ne m'avoit point haï juſqu'alors ; mais que ne voyant plus en moi qu'un tyran déteſtable, qui peu ſatisfait de mépriſer une femme digne d'adoration, avoit encore l'injuſtice de ravir au reste du monde un si précieux trésor, il avoit juré intérieurement, ou de se délivrer de ses maux en perdant la vie par mes mains, ou de m'ôter la mienne, pour rendre à Fanny la liberté de disposer d'elle-même; qu'il avoit caché néanmoins sa rage au Chapelain; qu'ayant feint seulement de vouloir employer aussi ses efforts pour me faire abandonner mon dessein, il l'avoit consulté sur le moyen de s'introduire chez moi, & qu'apprenant de lui qu'il étoit lié d'amitié avec un Chanoine de Saint-Cloud, que je voyois familiérement, il l'avoit engagé à lui ouvrir cette voïe par une lettre de recommandation; qu'à la vérité son dessein étoit de me faire mettre secretement l'épée à la main, & de me tuer s'il étoit le plus heureux, mais en suivant toutes les loix de l'honneur; & que n'ayant été déterminé à prendre ses avantages que par un mouvement de fureur, qu'il n'avoit pû vaincre en voïant que je pensois à le faire arrêter, il frémissoit encore de honte d'avoir été capable d'une si horrible bassesse.

Madame, toujours facile à s'attendrir, ne put s'empêcher de plaindre son malheur en continuant de lui reprocher son crime. Elle lui répeta que sa grace étoit certaine s'il avoit été sincere ; mais qu'il devoit renoncer à toute espérance de pardon, s'il avoit prétendu lui en imposer par le moindre artifice. Et pour l'embarrasser par une crainte présente, elle lui dit qu'il se trompoit s'il croyoit avoir parlé sans témoin ; que ses réponses, jusqu'au moindre mot, avoient été entendues de la personne du monde qui y devoit prendre le plus d'interêt ; qu'elle alloit paroître, & le démentir sur tout ce qui blessoit la vérité. Peut-être se figurat'il que c'étoit moi-même qu'il alloit voir. Sa contenance en fut un peu altérée. Mais la Princesse qui s'étoit avancée vers l'endroit où elle avoit placé Fanny, leva le rideau sous lequel elle étoit cachée. Paroissez, Madame, lui dit-elle, couvrez-le de la confusion qu'il mérite, & prononcez vous-même sa sentence, s'il a eu le front de m'amuser ici par des impostures. Fanny s'attendoit peu à se voir mélée dans cette scéne. L'embarras qu'elle en eut lui fit garder le silence. Lui, comme frappé de la foudre, se jetta à genoux devant elle, & n'osant lever les yeux sur son visage, il prononçoit quelques mots entrecoupés. Il voulut baiser ses pieds ; elle se retira en poussant un cri de frayeur. Enfin Madame touchée de la contrainte où elle la voyoit, fit signe au criminel de se retirer, & donna ordre au Bailly de le reconduire à sa prison.

Sa bonté lui faisant tout interpréter favorablement, elle demeura plus persuadée que jamais de l'innocence de Fanny. L'horreur même qu'elle avoit d'abord eue pour Gelin étant fort adoucie par les témoignages de son repentir, & parce qu'elle avoit remarqué de prévenant dans sa phisionomie, elle voulut qu'il fût traité moins rigoureusement, jusqu'après l'exécution d'un nouveau dessein qu'elle méditoit. Sur les circonstances qu'il avoit racontées de son départ de l'Isle de Sainte Helene, & de son séjour à la Corogne, elle lui avoit demandé le nom du Capitaine qui lui avoit accordé le passage, & celui de plusieurs personnes de distinction qu'il avoit attestées. Réunissant toutes ces connoissances avec celles qu'elle avoit tirées de Fanny & de moi-même, elle prit la résolution de faire partir un de ses Officiers pour les aller vérifier, dans les lieux, & par les personnes, dont on citoit les noms. L'éloignement de Bayonne, où le Capitaine faisoit sa demeure, & celui même de la Corogne, n'arrêterent point la passion qu'elle avoit de se satisfaire. L'Officier partit, chargé de toutes les instructions qu'elle jugea nécessaires.

Cependant au milieu des caresses & des félicitations qu'elle prodiguoit à Fanny, un doute important l'embarrassoit encore. Si Fanny étoit telle que son inclination, & les apparences mêmes la portoient à le croire, j'étois donc coupable; car son innocence ne se fondoit que sur mon infidélité; & quoiqu'elle eût affecté de la douceur & de la modération dans ses plaintes, Gelin, soit pour soutenir ses anciennes insinuations, soit qu'effectivement il eût pris de moi cette idée, venoit de représenter mon inconstance avec les plus odieuses couleurs. Ainsi d'accusateur, je devenois le criminel & l'accusé. Madame, qui n'avoit jamais vû d'autre femme avec moi que ma Belle-sœur, avoit d'abord eu peine à se persuader que je tinsse cachée dans ma maison une Dame qu'on lui nommoit Lallin, & dont on lui disoit que je voulois faire mon épouse ; car l'ancien préjugé de Fanny subsistoit toujours, & Gelin même, en apprenant la premiere nouvelle du mariage que je méditois, & pour lequel je sollicitois la permission du Consistoire, n'avoit pas poussé ses questions plus loin, dans l'opinion qu'elle ne pouvoit regarder que Madame Lallin. Tout ce qu'ils avoient raconté l'un & l'autre de cette passion prétendue, avoit donc paru si peu vraisemblable à Madame, qu'elle avoit eu besoin de leur témoignage réuni pour le croire, & c'étoit une des plus fortes raisons qui lui avoient fait souhaiter d'entretenir Gelin. Cependant comme elle ne pouvoit résister à deux preuves, telles que le consentement que j'avois fait demander à Fanny pour notre séparation, & l'assurance que Gelin en avoit reçûe d'un Ancien du Consistoire ; elle étoit comme forcée malgré elle de rabbattre quelque chose de l'estime qu'elle m'avoit accordée, & de me croire en effet d'autant plus coupable, que je paroissois avoir employé plus d'efforts pour le déguiser. Mais comment accorder tant d'artifice avec les sentimens d'un cœur où elle n'avoit reconnu que de la droiture ? Dans l'incertitude où la jettoient ces réflexions, elle prit le parti pour ne laisser rien à éclaircir, de faire demander de sa part à Charenton, s'il étoit vrai qu'un Gentilhomme Anglois dût épouser une Dame Françoise qui se nommoit Madame Lallin. L'Ancien auquel on s'adressa, fit quelque difficulté de s'expliquer; cependant le respect qu'il devoit à Madame ne lui permettant point de s'excuser absolument, il répondit en géneral qu'il s'étoit fait quelques propositions de mariage entre le Gentilhomme qu'on lui nommoit, & une jeune personne du voisinage, mais qu'il n'étoit point question de Madame Lallin, dont il n'avoit même jamais entendu le nom.

Ce rapport causa une joïe extrême à Madame. Elle crut saisir tout d'un coup le nœud d'une intrigue si embarrassante, & pouvoir concilier toutes ses idées avec ce qu'elle avoit appris de Fanny & de Gelin. Elle n'avoit point oublié que le . . . . . . s'étoit chargé, par ses ordres, de travailler à ma consolation, & lui-même s'étoit fait honneur auprès d'elle d'un succès qu'il attribuoit à ses soins. Il n'avoit pas manqué de faire valoir la liaison qu'il avoit formée entre M. de R... & moi. Madame qui connoissoit ce Gentilhomme, & qui sçavoit que sa fille étoit aimable, ne douta point que je n'eusse pris de l'inclination pour elle, & que pour retrouver la tranquillité que j'avois perdue, je n'eusse pû former le dessein de l'épouser. Mais supposant Fanny innocente, & n'ignorant pas que mon désespoir étoit de la croire coupable, elle conclut qu'une passion de si nouvelle datte ne tiendroit pas un moment dans mon cœur contre ses anciens & légitimes sentimens. Elle se hâta de communiquer toutes ces pensées à Fanny. Elle ajouta même, pour fortifier tout d'un coup ses espérances, que sa Rivale étoit absente par un malheur qu'elle ne pouvoit lui révéler sans indiscrétion, mais qu'elle sçavoit de son pere même, & qui la tiendroit peut-être éloignée fort long-tems. Enfin lui donnant à peine la liberté de répondre, elle l'assura que je n'aimois qu'elle, que je l'adorois, que je ne pouvois être heureux sans la voir, & qu'elle n'avoit qu'à paroître pour reprendre tout l'empire qu'elle avoit eu sur mon cœur.

Fanny ne se livra pas aisément à des promesses qu'elle croyoit démenties par des objections insurmontables. Mais Madame ne s'arrêtant qu'à ses premieres idées, la pressa avec tant d'instance de se fier à son amitié, & de consentir à ce qu'elle vouloit faire pour elle, qu'elle l'engagea à suivre aveuglément toutes ses volontez. Elle la prit dans son carosse, sans lui expliquer autrement son dessein, & se faisant mener chez moi presque sans aucune suite, ce ne fut qu'à vingt pas de ma porte qu'elle lui déclara le lieu où elle étoit. La surprise & l'effroi lui causerent une si furieuse révolution, qu'elle faillit de tomber sans connoissance. Cependant le carosse étant arrivé aussi-tôt, elle l'exhorta à se remettre & à tout espérer d'une entreprise dont elle prenoit le succès sur elle-même.

Je ne prétends point faire un reproche à Madame de cette démarche, dont je reconnois que la source n'étoit qu'une ardeur excessive de se rendre utile à mon bonheur. Mais dans l'état où j'étois, acablé d'inquiétudes & de douleurs, combattu par mille soins cruels, épuisé de sang & de forces, quelle apparence de me trouver disposé aux éclaircissemens qu'elle me préparoit ; & quand elle eut assez connu mon caractere pour ne se pas défier de ma force d'esprit, comment se promettre que les agitations qu'elle m'alloit causer volontairement n'acheveroient point de ruiner ma santé & d'envenimer mes blessures ? Les Grands ne connoissent point l'effet des passions violentes. Soit que la facilité qu'ils ont à les satisfaire, les empêche d'en ressentir jamais toute la force, soit que leur dissipation continuelle serve bientôt à l'adoucir, ils ignorent ces tempêtes de l'ame, qui ébranlent la raison jusques dans ses fondemens, & qui agissent quelquefois sur le corps avec plus de furie que tous les maux extérieurs auxquels on attribue les plus redoutables effets. Madame, quoiqu'exercée par divers chagrins domestiques, n'avoit pas une juste idée des miens, & jugeant peut-être de moi par elle-même, elle me croyoit capable de toutes les consolations qu'elle auroit goûtées.

C'étoit donc Fanny qui s'approchoit de mon appartement avec elle, & dont j'avois même entendu la voix sans la distinguer ; car qui m'auroit aidé à la reconnoître ? Je me serois imaginé plus aisément la chûte du Ciel que la hardiesse d'une femme que j'avois toûjours connue timide, & dans qui je me figurois que la honte commençoit à réveiller quelques sentimens de vertu. L'idée la plus favorable que j'eusse pû prendre de tous les récits qu'on m'avoit faits, étoit celle de son repentir ; mais une Infidelle, qui n'a que ce sentiment à faire valoir, se présente-t-elle avec tant de confiance aux yeux d'un homme outragé ? C'étoit elle néanmoins ; mes yeux furent bientôt forcés de la voir, quoiqu'à l'entrée de ma chambre elle suivît Madame, en tâchant de se cacher derriere elle.

Ayant porté mes premiers regards sur la Princesse, je m'efforçois de lui témoigner par ma posture & par mes gestes beaucoup plus que par mes discours, la reconnoissance immortelle dont j'étois pénétré. Vous me paroissez affoibli, me dit-elle en s'asseyant. Elle alloit continuer

nuer, mais j'avois apperçu Fanny. Un mortel évanouiſſement avoit déja fermé mes yeux. Madame fut embarraſſée, & Fanny s'empreſſoit pour me ſecourir, lorſqu'étant revenu à moi, & m'appercevant qu'elle me ſoutenoit la tête, je la repouſſai de la main : cruelle Ennemie de mon repos, m'écriai-je d'un ton plus lugubre que je ne puis le repréſenter, viens-tu m'arracher le peu de vie qui me reſte ? Un mouvement aveugle, dont je rougis encore, me fit faire cette brutale exclamation. C'étoit comme la premiere exhalaiſon de ces noires vapeurs qui obſédoient depuis ſi longtems mon ame, & qui avoient commencé à corrompre la douceur naturelle de mon caractere. Je remarquai le chagrin qu'un accueil ſi peu atrendu cauſoit à Madame, & je m'efforçai de le réparer en me baiſſant vers elle en ſilence, avec un mouvement qui marquoit mon trouble & ma confuſion. Fanny qui ſentit bien plus vivement ma dureté, ſe laiſſa tomber à genoux contre mon lit, & ſe mit à verſer un torrent de larmes en tenant ſa tête appuyée ſur ſes deux mains.

F

Que prétendez-vous donc, reprit Madame, qui me regardoit d'un air étonné, & que signifie le désordre où je vous vois ? Desirez-vous autre chose que ce que je vous amene ; une femme tendre & innocente, que vos caprices n'ont rendue que trop long-tems malheureuse, & dont la seule présence devroit vous rendre tout d'un coup la santé, si vous avez jamais eu pour elle la moitié de cette tendresse que vous m'avez tant de fois vantée ? Je vous ai fait dire, continua-t'elle, que j'étois persuadée de son innocence : la démarche que je fais de vous l'amener moi-même, n'en est-elle pas une confirmation qui devroit guérir absolument tous vos doutes ? Me croyez-vous capable d'être venue au hazard ? Est-ce là répondre à l'amitié que je vous marque & à l'opinion que j'ai de vous ? Elle en auroit dit beaucoup davantage ; mais dans le terrible combat que j'essuyois, entre mille mouvemens impétueux qui cherchoient à éclater, & la crainte d'avoir manqué de respect pour une si grande Princesse, je recueillis toutes mes forces pour l'interrompre : daignez m'entendre, lui dis-je en respirant à peine ; ah ! Madame, rappellez votre incomparable bonté pour m'écouter. Les marques que j'en ai reçues sont gravées au fond de mon cœur. Elles y vivront jusqu'au tombeau. Mais qu'elle ne vous aveugle pas en faveur d'une Infidelle. Qu'elle ne vous fasse pas oublier mes intérêts pour les siens. Songez qu'elle m'a trahi ; qu'elle m'a réduit à l'extrémité mortelle où vous me voyez ; qu'elle n'a pas plaint peut-être un moment les maux qu'elle m'a causés. Vous voulez donc que je lui rende un cœur qu'elle a dédaigné, & que je me précipite sans réfléxion dans un nouveau genre d'infamie ? La nommer innocente ! Juste Ciel ! Est-ce un nom fait pour elle ? Mais supposez ses remords sinceres, répareront-ils tout ce que j'ai souffert, & me rendront-ils tout ce que j'ai perdu ? O perte fatale ! m'écriai-je en joignant les mains ; ô malheur ! ô défespoir éternel ! Qui me consolera ? qui appaisera les tourmens de mon cœur ? qui prendra pitié d'un misérable à qui tout est odieux & funeste, & qui se plaint à deux pas de la mort qu'elle est encore trop éloignée ? J'achevai ces derniers mots d'une voix si foible & si basse, qu'il étoit aisé de s'appercevoir de l'altération qui se faisoit dans mes forces. Madame, surprise de la violence avec laquelle je paroissois m'agiter, avoit tâché plusieurs fois de couper mon discours ; & comme emportée elle-même par l'impétuosité de mes sentimens, elle me faisoit signe de la main de modérer mon transport. Fanny, dans la posture qu'elle n'avoit point quittée, continuoit de tenir son visage serré contre mes draps, & ne se faisoit entendre que par les sanglots dont elle accompagnoit ses larmes. A peine avois-je osé lever les yeux sur elle. J'avois tourné plusieurs fois la tête & presque ouvert la bouche pour lui adresser directement mes reproches ; un pouvoir supérieur à moi m'avoit arrêté, & mes mouvemens avoient pris un autre cours. Je ne sçai qui des trois eut pris la parole ; mais le spectacle qui frappa les yeux de Madame, lui fit jetter un cri perçant. C'étoit mon sang qui couloit à grands flots sur mon lit, & qui avoit déja humecté tout ce qui étoit autour de moi. Mes blessures s'étoient rouvertes. J'avois senti depuis quelques momens une chaleur humide, qui auroit dû m'avertir de cet accident ; mais l'agitation où j'étois ne m'avoit pas permis d'y faire attention, ni de m'appercevoir même que les linges dont j'étois lié, s'étoient écartés de leur place.

Je remarquai enfin ce qui allarmoit Madame. Laissez-moi mourir, lui dis-je avec une morne indifférence ; il en est tems. J'emporterai la satisfaction d'avoir eu cette infidelle pour témoin des derniers effets de sa cruauté. Ah ! barbare, ajoutai-je en m'adressant cette fois à elle-même, n'est-ce pas-là ce que tu attendois & ce que tu es peut-être venue chercher ici ? Elle s'étoit levée au premier cri de Madame, & le visage baigné de pleurs, elle s'agitoit pour me donner quelque secours. Mais je la repoussai encore avec d'autres marques de dédain, qui n'étoient pas moins ameres. Son cœur n'y put résister. Elle leva les mains vers le Ciel en poussant un profond soupir : Justice, qui proteges la vertu, s'écria-t-elle ! ô toi qui as compté mes douleurs, & qui me réservois encore tous ces outrages ; abrege donc ma vie si tu ne veux pas soulager mes peines ! Puis se tournant vers la Princesse, ah ! Madame, lui dit-elle, est-ce-là ce que vous m'aviez promis, & ne voyez-vous pas que son cœur m'est fermé pour jamais ? Hélas ! ajouta-t-elle, une absence à laquelle il m'a forcée par ses mépris, mérite-t-elle les honteux reproches dont il prend plaisir à m'accabler ?

Je l'avouerai, à la honte de cette fausse & violente insensibilité que j'affectois ; le ton de cette voix naturellement tendre & touchante, autrefois & si long-tems les délices de mes oreilles & le charme de tous mes sens, ces douces inflexions qui avoient réveillé si souvent dans mon cœur la complaisance & l'amour, firent plus d'impression sur moi que toutes les instances de Madame, & que mes propres raisonnemens. Un baume précieux, versé dans mes plaies, n'y auroit pas répandu tant de fraîcheur. Cependant toutes ces circonstances s'étant passées dans l'espace d'un moment, on étoit accouru au bruit que Madame avoit fait d'abord, & l'un de mes Chirurgiens qui se trouvoit heureusement dans ma maison, eut bientôt rétabli l'appareil qui s'étoit dérangé sur mes blessures ; mais dans l'inquiéte ardeur avec laquelle on avoit cherché les secours nécessaires, quelqu'un s'imaginant le péril beaucoup plus pressant, en avoit parlé à Madame Lallin, comme d'une extrémité qui faisoit tout craindre pour ma vie. Elle ne crut point qu'il y eût de menagemens qui dûssent l'empêcher de paroître. D'ailleurs, n'étant point connue de Madame, elle ne pouvoit prévoir les fâcheux effets qu'alloit produire sa présence. Elle entra dans l'antichambre, au moment que la Princesse, qui se retiroit pour laisser le Chirurgien libre, la traversoit en s'appuyant sur les bras de Fanny. L'approche d'un affreux serpent causeroit moins d'épouvante à un enfant timide, que cette rencontre imprévue n'inspira d'horreur à la malheureuse Fanny. La voilà, dit-elle à Madame, voilà le tison infernal qui a mis le feu dans ma maison, & qui a réduit tout mon bonheur en poudre. Croirai-je à présent que ce n'est pas elle qu'il est résolu d'épouser ? Ah perfide ! continua-t-elle en s'adressant à elle-même, as-tu le front de te présenter devant moi ?

Ce discours injurieux, que Madame

Lallin ne put entendre qu'à demi dans l'embarras où cette seule rencontre l'avoit jettée, ne laissa point de la picquer assez pour la porter à se défendre avec quelques marques de ressentiment. L'opinion qu'elle avoit toujours de la mauvaise conduite de mon épouse, lui fit répondre qu'elle s'étonnoit beaucoup de lui voir oublier sans raison toutes les bienséances, devant une si grande Princesse; mais que ce n'étoit pas apparemment la premiere fois qu'elle y eut manqué. Cette réponse étoit picquante; mais que dut-elle paroître à Fanny, & même à Madame, qui recommença peut-être sur de si fortes apparences à se défier de ma droiture ? Toute autre femme, dans le transport où étoit Fanny, auroit fait une insulte éclatante à sa Rivale; & l'intérêt que Madame prenoit à sa douleur, auroit peut-être empêché cette bonne Princesse de s'en trouver offensée. Cependant Fanny déja comme épuisée de l'effort qu'elle venoit de faire sur son caractere, toute sa colere retomba sur elle-même, par un long évanouissement dont on eut beaucoup de peine à la faire revenir. Madame, qui s'étoit contentée de jetter un regard

regard d'indignation fur Madame Lallin, donna ordre à un de mes gens de m'avertir de fon départ, & des nouveaux fouhaits qu'elle faifoit pour ma guérifon. Elle eut la bonté de fecourir Fanny de fes propres mains ; & lorfqu'elle la vit en état de partir, elle la força de retourner avec elle au Château, d'où elle la fit reconduire le foir à Chaillot.

J'ignorai fi abfolument la trifte fcéne qui s'étoit paffée dans mon anti-chambre, qu'apprenant le départ de Madame, & toujours perfuadé du généreux penchant qui la portoit à fouhaiter la fin de mes peines, je ne m'occupai que de la tendreffe & de la bonté de fon naturel. Elle s'eft laiffée toucher, difois-je, par le repentir de mon Infidelle. Elle me connoît bon & fenfible. Elle s'eft perfuadée qu'il me fuffiroit de voir couler fes larmes pour lui tendre les bras. Mais fi elle fe fouvenoit de toutes les raifons que j'ai de la détefter, il eft impoffible qu'elle voulût la fouffrir, & qu'elle prît parti pour elle. Me rappellant enfuite jufqu'au moindre terme de la funefte converfation que je venois d'effuyer, j'admirois que fur des affurances vagues & fans preuves,

on eut pû me propoſer d'oublier mes reſ-
ſentimens, & d'accepter des ſoumiſſions
qui n'avoient pas même été accompa-
gnées d'un mot d'éclairciſſement & d'ex-
cuſe. Mais ai-je dû attendre l'impoſſi-
ble, ajoutois-je, & qu'auroit-elle pû dire pour ſe juſtifier ? Il eſt clair que ce
n'eſt pas ſur ſon innocence, ni peut-être
même ſur ſon repentir, qu'elle fondoit
l'eſpoir de ſe faire écouter. C'eſt ſur ſes
charmes, c'eſt ſur ce dehors trompeur
qui m'en a impoſé ſi long-tems, & qu'-
elle croyoit capable de réveiller toute
ma foibleſſe. J'avoue qu'elle n'a rien
perdu de ce perfide éclat qui m'avoit é-
bloui. Ce ſont les mêmes yeux, les mêmes traits, le même air, helas ! cet air
tendre & modeſte, ce port noble & in-
téreſſant que j'ai adoré. O Dieu ! que
n'a-t'elle encore le même cœur !

Madame Lallin qui vint interompre
pluſieurs fois mes réflexions, ne me parla point du chagrin qu'elle avoit reçu,
& ne me fit pas même connoître qu'elle
eût vû Madame & Fanny. Elle n'avoit
point eu de peine à juger que l'accident
qui m'étoit arrivé, avoit été l'effet de
cette viſite. M. de R... eut la même dif-

crétion à son retour ; & ne craignant pas moins de me causer quelque nouvelle altération par tout ce qui étoit arrivé à sa Fille & à mes Enfans, il me laissa ignorer pendant quelques jours ce nouveau malheur. Cependant il revenoit de Chaillot, où on ne lui avoit point refusé la liberté de voir ma Belle-sœur & Cecile. Malgré la premiere chaleur de son ressentiment, il avoit compris qu'un ordre de la Cour ne seroit pas révoqué tout d'un coup, & remettant les sollicitations après mon rétablissement, il avoit résolu de se faire pendant quelque tems un mérite de sa patience. C'étoit beaucoup qu'on eut laissé à ma sœur le choix du Couvent, & qu'elle se fut heureusement déterminée pour celui qui étoit le moins éloigné. Madame de R... à qui il avoit fait sçavoir aussi-tôt leur infortune commune, n'avoit pas differé non plus d'un moment à se rendre à Chaillot, & de concert avec lui, elle avoit pris la résolution d'y demeurer avec sa fille. Quoique la présence d'une Protestante de son âge dût être incommode & suspecte dans un Couvent, les Religieuses qui n'avoient point eu d'ordre de s'y oppofer, ne purent refuser l'entrée de leur Maison à une Dame de sa naissance. Cet arrangement avoit tellement consolé M. de R.... qu'il continua de demeurer chez moi sans aucune marque d'inquiétude.

Ma sœur, qui n'avoit pas d'abord porté ses vûes si loin, n'avoit point eu d'autre motif pour préferer Chaillot, que l'envie de voir & d'entretenir Fanny. Aussi demanda-t-elle cette faveur en arrivant ; & l'on ne fit pas difficulté de la lui promettre aussi-tôt que Fanny seroit de retour. Les bruits qui s'étoient sourdement répandus, depuis ma blessure, ne permettoient pas aux Religieuses d'ignorer tout à fait qu'elle étoit mêlée pour quelque chose dans mon avanture ; mais c'étoient des soupçons d'autant plus confus, que le Chapellain même cachant soigneusement la part qu'il y avoit eue, elles n'avoient pû recevoir d'autres informations de personne ; & c'est une des faveurs dont j'ai le plus d'obligation à Madame, que le silence avec lequel cette affaire fut conduite. Ainsi personne ne sçavoit au Couvent que Fanny fût mon épouse, & l'on se défioit encore moins de la raison qui l'avoit obligée jusqu'alors de demeurer volontairement dans la retraite. D'ailleurs toute la Maison charmée de son esprit & de sa douceur, avoit conçû pour elle autant d'amitié que d'estime ; & dans les chagrins dont on voïoit assez qu'elle étoit accablée, elle avoit toujours quelque Religieuse auprès d'elle qui s'efforçoit de la consoler par son entretien & ses caresses.

Celle qui se croyoit le mieux dans son esprit, ne sçut pas plûtôt que Madame Bridge avoit parlé d'elle & demandoit à la voir, qu'elle s'empressa de lui faire mille civilitez, qui firent juger à ma Belle-sœur que cette bonne Religieuse avoit plus de part qu'une autre à la confiance de mon épouse. Elle fut ravie de trouver cette occasion d'avance, pour s'informer sans affectation de la conduite qu'elle tenoit, & de l'idée qu'elle avoit fait prendre d'elle. Il lui fut aisé de se satisfaire ; car la Religieuse, comme enchantée de Fanny, dont elle ne parloit qu'avec admiration, se mit à raconter d'elle-même de quelle maniere elle avoit vécu depuis sa retraite, & les nouveaux sujets qu'elle donnoit tous les jours de la regarder comme une des premieres femmes du monde. C'est une douceur, répétoit cent fois cette bonne fille, une complaisance, une attention à obliger, qui lui gagne ici le cœur de tout le monde. Son amitié a fait naître parmi nous des jalousies, comme s'il étoit question de la faveur d'une Reine. J'ai été assez heureuse, ajouta-t-elle, pour lui rendre mes soins agréables, & je ne changerois pas son estime pour bien des choses précieuses.

Ces éloges n'étonnerent point ma Sœur, qui connoissoit assez les excellentes qualitez de Fanny. Mais profitant de la chaleur avec laquelle elle voyoit parler la Religieuse, elle lui demanda comment son Amie supportoit la solitude, & si elle ne s'étoit jamais expliquée sur les motifs qu'elle avoit eus pour se dérober au monde. Vous voulez sçavoir, lui répondit-elle, ce que nous avons cherché long-tems à pénétrer, & ce que je lui ai demandé cent fois inutilement dans les tendres entretiens que j'ai sans cesse avec elle. Il est certain qu'elle a le cœur & l'esprit fort agités. Elle convient même que la fortune l'a traitée avec la derniere rigueur ; & quand elle refuseroit de nous faire cet aveu, sa tristesse & son abbatement la trahiroient malgré elle Il m'arrive tous les jours de la surprendre dans des momens où elle se croit seule & où elle n'attend personne. Je la trouve abîmée dans ses larmes, la tête panchée ordinairement sur une table, & si remplie du sujet de ses peines, qu'elle ne s'apperçoit pas tout d'un coup qu'elle a quelqu'un près d'elle. Aussi-tôt qu'elle m'entend, elle se hâte d'essuyer ses pleurs, & je remarque l'effort qu'elle se fait pour composer ses yeux & son visage ; mais elle n'en a pas toujours la force, & elle me prie quelquefois de la laisser pleurer en liberté. Souvent au milieu d'une conversation que je crois propre à l'amuser, une distraction lui fait perdre le plaisir qu'elle paroissoit trouver à m'entendre ; son cœur se charge, & ses yeux recommencent leur triste office. Enfin si vous me demandez tout ce que je pense d'elle, je ne connois point de femme si aimable & si malheureuse.

Mais, reprit ma Sœur, qui s'est fait cent fois un plaisir de me répéter tout ce détail, est-il possible qu'il ne lui soit rien échappé qui puisse faire soupçonner la cause de ses chagrins ? Ne se plaint-elle de rien ? N'accuse-t-elle personne ? Demeure-t-on si long-tems avec une femme affligée, sans pénétrer les secrets de son cœur ? Non, repartit la Religieuse, rien n'est sorti de sa bouche. Cependant depuis une avanture fort extraordinaire qui lui arriva la semaine passée dans notre Eglise, la plûpart de nos Dames sont persuadées qu'elle est la victime de quelques soupçons jaloux, soit qu'ils soient tout-à-fait injustes, soit qu'elle les ait fait naître malheureusement par quelque imprudence ; car sa modestie, ajouta-t'elle, & l'intérêt que Madame prend à ses affaires & à sa santé, répondent assez de sa vertu. Elle raconta là-dessus ce qui s'étoit passé dans l'Eglise du monastére, & tout ce que ma Belle-sœur sçavoit beaucoup mieux qu'elle même. Nous ne sçaurions douter, poursuivit-elle, que les deux Enfans qu'elle a vûs, ne soient les siens, & qu'elle n'en soit séparée contre son gré. C'est apparemment son mari qui lui fait cette violence. Et je sçais, dit-elle encore en baissant la voix, qu'il s'est répandu depuis peu quelques bruits qu'on a pû mal interpréter ; mais je suis sûre qu'ils s'éclairciront à l'avantage de Madame de Ringsby. Ce nom, comme je l'ai dit plusieurs fois, étoit celui que Fanny portoit à Chaillot.

Il n'est pas surprenant que la Religieuse ne reconnût point ma Sœur. Quelques momens passés à la grille du Chœur, & pendant l'Office, n'avoient pû faire remarquer son visage. D'ailleurs elle parloit si exactement la Langue Françoise, qu'il n'étoit pas aisé de la reconnoître pour une Etrangere, & l'ordre qu'on avoit obtenu pour l'arrêter, & qu'il avoit fallu communiquer à la Supérieure du Couvent, regardant en général trois Dames Protestantes, & deux Enfans de la même Religion, qui étoient en chemin pour se sauver du Royaume, elle passoit, comme sa fille & comme Cecile, pour une Dame Françoise qu'on vouloit faire instruire. Rien n'étant donc si éloigné de l'opinion des Religieuses que de la croire Belle-sœur de Fanny, elle continua librement de s'informer de tout ce qui m'intéressoit, en affectant de paroître extrémement prévenue en faveur de mon épouse. Mais, soit que la vérité les forçât de lui rendre des témoignages si glorieux, soit que la discrétion leur fît cacher une partie de leurs conjectures, elles ne changerent point de langage.

Fanny étant revenue le soir de Saint Cloud, sa Confidente n'eut rien de si pressant à lui raconter, que l'arrivée de trois Dames, dont l'une paroissoit la connoître, & marquoit une extréme envie de la voir. Quoique la douleur occupât trop de place dans son ame pour en laisser beaucoup à la curiosité, elle consentit à recevoir la visite qu'on lui proposoit, & dès le soir même elle fit prier ma Sœur de se laisser conduire sécretement chez elle. Ce n'étoit point un motif ordinaire qui leur faisoit souhaiter mutuellement cette entrevûe. Elles m'ont dit vingt fois que sans autre apparence de raisons, que celle qu'on peut s'imaginer sur mon récit, elles s'étoient senti le cœur si ému à l'approche de l'heure marquée pour se voir, qu'expliquant mal ce pressentiment, par l'habitude où elles étoient de voir tous les événemens tourner à notre perte, elles avoient été tentées l'une & l'autre de la differer. Fanny, depuis la réponse qu'-

elle avoit reçue chez moi, croyoit ma Belle-sœur & mes Enfans en Angleterre; & ne connoissant personne en France, elle ne pouvoit attacher d'idée bien importante à la curiosité qu'une Dame marquoit de lui parler. Ma Sœur avoit peut-être sujet d'être un peu moins tranquille, parce que l'ouverture d'une scéne où elle ne prévoyoit que de la tristesse, pouvoit lui causer quelque embarras ; mais cette raison devoit servir au contraire à lui faire craindre ce qu'elle désiroit. Cependant elles étoient toutes deux tremblantes d'impatience & d'ardeur en s'abordant, & la surprise même de Fanny, en reconnoissant ma Sœur, n'ajouta presque rien à ce qui se passoit déja dans son cœur.

Elle se jetta à son col. Elle la serra entre ses bras. Elle la tint long-tems embrassée. Etes-vous ici volontairement, lui dit-elle d'un ton mêlé de joie & de douleur, est-ce un reste d'amitié & de compassion qui vous amene ? Je vous ai crûe à Londres. Où sont mes Enfans ? Helas ! venez-vous me rendre la vie ou m'aider à mourir ; car il n'y a plus de temperamment à espérer pour moi ; je sçais tout, j'ai tout appris, je ne puis vivre sans honneur, sans Epoux, sans mes chers Enfans. O ma Sœur! continua-t-elle en la regardant tendrement, est-il possible que vous m'ayez laissée accabler sans défense? Quoi! vous n'avez pas pris parti pour moi. Vous avez souffert qu'une indigne Rivale ait ravi ma place, mes titres, mon nom ; qu'elle ait tout acquis par le sacrifice de mon honneur & de mon innocence ? Eh! qu'est devenue la foi & la justice ? Mais non, reprit-elle en voyant ma Sœur qui baisoit affectueusement ses mains, je vois que vous m'aimez encore. Dites-moi donc pourquoi le barbare Cleveland me déteste. Il me l'a prononcé lui-même. Il n'a daigné ni me regarder ni m'entendre. Dites-moi pourquoi son infâme Lallin ose m'insulter. Juste Ciel! vous n'avez pas pris aussi-tot ma vie pour finir à jamais ma honte! ah! ma Sœur, dites-moi pourquoi je suis réduite au dernier degré de l'opprobre & de l'infortune.

Ses larmes l'interrompirent. M\ue Bridge qui n'étoit pas moins attendrie, la pria de s'asseoir, pour le dessein qu'elle avoit de lui ouvrir naturellement son cœur, & de ne lui rien déguiser de ses sentimens. Ainsi sans s'arrêter à des marques inutiles de tendresse & de pitié, elle entra tout d'un coup dans l'explication qu'elle s'étoit proposée. Ma Sœur, lui dit-elle, il me sera aisé de justifier les dispositions de mon cœur ; mais permettez que mes premiers soins tombent sur vous, & que je commence par ce qui me cause le plus d'embarras. Vous ne sçauriez vous dissimuler à vous-même que les apparences passées ne vous sont pas favorables. Je laisse tout ce qui pourroit sentir le reproche ; mais il me semble que la justice de vos plaintes n'est pas claire. Vous accusez ceux qui se plaignent de vous. Vous reprochez vos peines à ceux que vous avez rendus misérables. Vous criez qu'on maltraite votre innocence, & ceux à qui vous imputez cet outrage, donneroient tout leur sang pour vous la rendre, ou l'auroient donné pour empêcher que vous ne l'eussiez perdue. Au nom du ciel faites-moi voir quelque jour dans ces obscuritez. N'est-il donc pas vrai (pardonnez ces instances à une Sœur qui vous aime) n'est-il pas vrai que vous avez ôté à M. Cleveland un cœur qui faifoit tout le bonheur de fa vie; que vous l'avez donné à Gelin; que vous nous avez abandonnés à Sainte Helene pour fuivre ce perfide; que vous êtes partis enfemble; que vous avez... mais je ne veux parler que de ce qui eft certain pour moi-même; n'eft-il pas vrai que vous avez facrifié à cette paffion votre Mari, vos Enfans, votre réputation, & que vous avez paru long-tems infenfible à toutes nos peines?

A la vérité, continua ma Sœur, M. Cléveland après avoir fouffert tout ce que l'honneur, la bonté de fon caractere & la tendreffe incroyable qu'il avoit pour vous, peuvent vous faire imaginer, s'eft laiffé perfuader depuis peu par le feul befoin qu'il a de faire quelque diverfion à fa trifteffe, de s'engager dans un nouveau mariage; non, comme vous femblez le croire, avec l'innocente Madame Lallin, pour laquelle il n'a jamais eu que de l'eftime & de l'amitié; mais avec une jeune Françoife de fon voifinage, qui eft après vous ce qu'il pouvoit efpérer de plus aimable. Je n'ai pû condamner fon deffein, & je vous confeffe que dans le trifte état où je l'ai vû depuis votre abfence, j'ai cru moi-même ce reméde nécessaire à son repos. Je ne vous dissimulerai pas non plus que lorsqu'on a pensé à faire casser votre mariage, il a fallu que j'aie prêté une espéce de consentement aux dépositions que le Consistoire a exigées de tous les témoins de votre fuite. Mais rendez-moi justice ; ai-je pû démentir le rapport de mes yeux, & refuser l'aveu d'une vérité si cruelle ? Hélas ! au prix de mon sang j'aurois voulu me la cacher à moi-même. Cleveland, tout enchanté qu'il est de la jeune personne qu'on le presse d'épouser, adore encore votre idée, & n'employe ses jours & ses forces qu'à déplorer votre changement ; car vous étiez faite pour lui. Il n'y avoit que la possession de votre cœur qui pût satisfaire le sien.

Dites-moi donc maintenant vous-même, ajouta-t-elle, pourquoi vous vous troublez jusqu'à cet excès, d'un malheur où vous vous êtes précipitée volontairement ? D'où viennent ces regrets & ces larmes, qui ne me paroissent plus de saison après la malheureuse résolution que vous avez exécutée ? Cependant je conçois que le repentir peut succéder à une passion violente. Je vous plains, je n'ai pas cessé de vous aimer, & je suis portée à vous offrir encore un zéle à toutes sortes d'épreuves ; mais si vous ne m'éclairez pas vous-même, j'ignore à quoi je puis l'employer.

Ce discours, commencé d'un air grave & soutenu d'un ton que la vérité animoit autant que la tendresse, rendit d'abord Fanny fort attentive. Elle tenoit les yeux fixement attachés sur ma Sœur; & comme frappée de plusieurs images nouvelles qu'elle paroissoit admirer successivement à chaque mot qui sortoit de sa bouche, il y en eut quelques-unes qui la firent reculer de surprise & de saisissement. L'agitation qu'elle en ressentit, arrêta tout d'un coup ses pleurs. Elle écouta ainsi jusqu'à la fin, avec un mélange d'avidité pour entendre & de réflexion sur elle-même, pour comparer ce qu'elle trouvoit dans son cœur & dans sa mémoire, avec ce qu'elle paroissoit appercevoir pour la premiere fois. Quand ma Sœur fut arrivée sur-tout à l'éclaircissement de mon nouveau mariage, son attention redoubla avec un mouvement sensible de curiosité & d'ardeur. Puis lorsqu'elle l'entendit parler du fond de constance & d'amour

mour qui me rappelloit encore vers elle dans le projet même d'un nouvel engagement, elle rougit; son impatience étoit marquée par le changement continuel de ses attitudes. A peine pouvoit-elle se contenir sur sa chaise. Enfin ma sœur n'eut pas plûtôt fini, que se levant pour l'embrasser avec transport: vous n'êtes pas capable de me tromper, lui dit-elle tendrement, je vous connois, vous êtes la bonté même; ah! que de voiles se levent! oh! ma sœur, qu'entrevois-je? Que de sujets d'horreur & de pitié! Mais si vous ne me trompez pas, reprit-elle en s'interrompant elle-même, hâtez-vous d'avertir Cleveland. Allez de ce pas rompre son mariage. Allez lui dire qu'il commettroit un crime affreux, que je l'aime, que je l'adore, continuoit-elle en serrant les mains de ma sœur, que je n'ai jamais aimé que lui, helas! je le vois clairement: nous avons été trompés tous deux. O malheur terrible! ô cruelle perfidie! Mais partez donc, répétoit-elle encore, qu'il rompe son mariage, qu'il ne différe pas un moment.

Quelque obscurité que ce tendre empressement dût avoir pour ma sœur, elle y répondit par des caresses; & sans retarder les explications qu'elle attendoit, par celle des raisons qui la retenoient malgré elle à Chaillot, elle fit souvenir Fanny que de long-tems mes blessures ne me permettroient gueres de penser à des nôces. Ensuite elle la pressa de ne pas suspendre un moment la satisfaction qu'elle avoit paru lui annoncer. Oui, lui répondit-elle ; chaque instant qu'elle seroit différée, deviendroit un supplice pour moi-même. Mais je ne puis mieux nous satisfaire l'une & l'autre qu'en reprenant mes tristes avantures dans leur origine, pour vous mettre en état de les comparer avec les funestes impressions dont je vois trop que vous êtes prévenue contre ma fidélité & peut-être contre mon honneur. Elle entreprit aussi-tôt cette interessante narration, dont on ne sera pas surpris dans la suite que j'aie pû répéter ici jusqu'au moindre mot.

HISTOIRE DE Mʀ. CLEVELAND.
LIVRE NEUVIEME.

JE respire, commença-t'elle avec un profond soupir, & je me sens déja le cœur plus libre. Ne jugez pas mal des pleurs que vous me voyez répandre encore. S'il est vrai que Cleveland n'ait pas cessé de m'aimer, & que je me sois trompée dans le mortel sujet de mes douleurs, je ne puis plus pleurer que de joie. Ce que j'ai à me reprocher n'est pas un crime. Ah! non, ce n'en est pas un, & si Cleveland m'aime encore, il distinguera bien les malheureux excès d'une tendresse insensée, des honteux déréglemens d'une femme coupable. S'il m'aime, je ne veux que lui pour mon juge. N'importe qu'il me condamne ou qu'il m'approuve. S'il m'aime, il pardonnera tout à l'amour.

Concevez-vous, ma Sœur, poursuivit-elle, que le tour de votre discours ait eu plus de force pour me faire ouvrir les yeux, que la longueur insupportable de mes peines, que les instances de Madame, que le dernier crime de Gelin, & que les reproches mêmes que j'ai reçus aujourd'hui de Cleveland? Mais, ma chere Sœur, écoutez-moi. J'ai des choses incroyables à vous raconter. J'en suis effrayée moi-même à mesure que je les rapproche de mon imagination pour les mettre en ordre, & si je suis assez heureuse pour ne me pas tromper dans la maniere dont je les conçois depuis un moment, je vais vous découvrir la plus horrible scéne de malice & de cruauté dont

H ij

on ait jamais eu l'exemple. O ciel! par où ai-je mérité d'en être le déplorable sujet?

Suppofez que Cleveland n'ait eu qu'une eftime innocente pour Madame Lallin. Mais long-tems même avant mon mariage, j'ai eu les plus fortes raifons de lui croire d'autres fentimens. Je ne vous rappellerai point tout ce qui n'eft pas néceffaire au récit que vous attendez. Elle l'avoit aimé au premier moment qu'elle l'avoit vû. Elle lui avoit fait des avances qui ne font pas ordinaires à une femme d'honneur. Elle avoit employé l'artifice pour le faire confentir à l'époufer. Je fuis témoin de ce que je retrace ici, & dès ce tems-là mes inquiétudes n'auroient pû paroître étranges à perfonne. Elle quitta enfuite fa famille & fa patrie pour le fuivre en Amérique. Je veux croire que ce voyage n'eut point d'autre motif que ceux qu'il s'efforça de me faire approuver; cependant il me le déguifa longtems, je n'en dûs même la connoiffance qu'au hazard; & lorfque je l'appris contre fon efpérance, je ne remarquai que trop combien cette découverte lui caufoit d'embarras. Enfin nos triftes avantures prennent leur cours, & finissent après mille malheurs, par la perte du meilleurs de tous les peres. Ma tendresse comme divisée jusqu'alors par les sentimens de la nature, se réunit dans un seul objet. Je sentis que mon Mari m'étoit devenu plus cher que jamais ; plus cher, je ne dis pas seulement par les circonstances de ma fortune, qui ne me laissoit plus d'autre soutien que lui dans le monde, mais par l'augmentation réelle d'une passion que je croyois depuis long-tems à son excès, & qui prit un nouvel ascendant sur mon cœur & sur ma raison. En effet je ne l'avois jamais trouvé si aimable. J'étois charmée de sa constance & de ses soins. Par quelles épreuves n'avois-je pas vû son amour confirmé ? Je le regardois comme un modéle de bonté & de vertu. Nous vécumes quelque tems à la Havana dans un bonheur digne d'envie. Et n'avois-je pas raison de le croire inébranlable, lorsque sous des prétextes assez foibles, & que je combattis inutilement par mes pleurs, il entreprit un voyage dont l'unique fruit fut de me ramener Madame Lallin. Jugez quelle fut ma surprise, & avec quelle douleur je la vis entrer dans ma maison. Ce n'étoient, si vous voulez, que les allarmes d'un cœur passionné. C'étoit délicatesse, embarras, scrupule de tendresse ; mais quand ce n'auroit été que le pressentiment d'un avenir funeste où je ne pouvois lire, les malheurs qui sont venus à la suite, ne l'ont que trop justifié.

Vous arrivâtes vers le même tems de Sainte Helene, avec mon frere & Gelin. La présence & l'amitié d'une Sœur si chere suspendirent mes inquiétudes, jusqu'à la résolution qui fut prise en commun de se faire régulierement quelque occupation amusante, pour varier les agrémens de notre commerce. Nous prîmes vous & moi le parti qui convenoit à notre sexe. Mon frere & Cleveland choisirent l'étude. Gelin eut dès-lors ses raisons sans doute pour souhaiter d'être souffert auprès de nous : mais je fus frappée du choix de Madame Lallin. Quelle apparence, disois-je, qu'une femme d'un mérite ordinaire se fasse un plaisir si touchant de passer toutes les heures du jour au milieu des livres ? Vous la priâtes de nous associer à ses lectures en les faisant quelquefois devant nous. Elle répondit que son dessein étant d'apprendre les Langues grecque & latine, nous avions peu de satisfaction à espérer de notre demande. Vous vous souvenez que nous rîmes ensemble de cette affectation d'esprit & de doctrine. J'écartois encore des soupçons trop funestes pour mon repos. Mais un intérêt si sensible me forçoit néanmoins d'avoir les yeux ouverts sur toutes les circonstances. Attribuez cette conduite à la jalousie, accusez-moi d'avoir contribué moi-même à ma ruine; je n'ai pour me justifier que la droiture de mon cœur & l'ardeur d'une malheureuse tendresse.

Je ne vous dirai point par quels degrés je parvins à l'ivresse de cette fatale passion; mais le poison s'étoit déja glissé dans toutes mes veines, lorsque Gelin m'ayant suivie au jardin, me demanda la liberté de m'entretenir. L'air chagrin avec lequel il me fit cette proposition, le cas que je faisois de son esprit, & l'attachement qu'il marquoit pour notre famille, me disposerent facilement à l'écouter. Après quelques détours, qui me firent attendre un secret d'importance, il me déclara qu'il se croyoit également obligé par l'amitié & par l'honneur, de m'apprendre l'indigne abus que Madame Lallin faisoit de ma confiance. Le détail dans lequel il s'engagea aussi-tôt, s'accordoit tellement avec mes propres observations, que je crus l'examen aussi inutile que les objections & les doutes. Je ne répondis que par mes pleurs. Il me plaignit ; il m'offrit ses services. Il releva l'injustice de mon Mari & l'odieuse impudence de ma Rivale ; enfin il me persuada de tous les maux dont je cherchois encore à douter.

Cependant je conservai assez de présence d'esprit, pour balancer d'abord si je devois lui découvrir le rapport de mes idées avec les siennes. Mais ce qu'il ajouta, me permit si peu de me défier de sa prudence & du désintéressement de son amitié, que je remerciai le Ciel dans mon malheur, de m'avoir procuré le secours d'un ami si sage & si généreux. Il me dit que la nécessité de m'avertir lui avoit paru d'autant plus pressante, que le mal n'étant point encore désespéré, il dépendroit de moi d'y apporter les remédes que ma sagesse & ma douceur ne manqueroient pas de m'inspirer ; qu'une femme me vertueuse avoit mille ressources pour rappeller le cœur d'un mari ; que c'étoit cette raison qui l'avoit empêché de faire remarquer le désordre à mon frere Bridge, dans la crainte qu'il ne fût pas aussi capable que moi de garder certains ménagemens. Il me promit un secret inviolable, & il m'offrit de nouveau un zéle sans réserve.

Si vous vous rappellez d'ailleurs l'estime que mon frere & Cleveland même marquoient pour Gelin, m'accuserez-vous d'avoir accepté trop légerement ses offres ? Je ne fis donc plus difficulté de lui répondre que je connoissois toute l'étendue du malheur qu'il croyoit m'apprendre, ni de lui laisser voir la profondeur de mes plaies. Vous méritez ma confiance, ajoutai-je, & par la pitié que mes maux vous inspirent & par le secours que vous avez la générosité de m'offrir pour les soulager ; mais de quelle espérance me flattez-vous ? Hélas ! quel reméde, quel secours avez-vous à me proposer ? Il se hâta de m'assurer qu'il chercheroit les moyens qu'il n'avoit point encore, & qu'il me promettoit d'avance que je serois fidélement informée de toutes les démarches de ma Rivale & du progrès de ses perfides amours. Cette promesse flatta ma douleur. Je le pressai d'être fidéle à la remplir, comme si la connoissance de ce que je redoutois le plus, eût pû servir à diminuer les tourmens que le seul soupçon étoit capable de me causer. Nous convinmes qu'il me rendroit chaque jour un compte exact de ce que le hazard ou son adresse lui feroit découvrir. Je lui confiai même la clef de plusieurs cabinets qui touchoient à celui de Cleveland & sur-tout à sa Bibliothéque, où vous sçavez que Madame Lallin passoit quelquefois avec lui une partie du jour. L'heure de ces funestes éclaircissemens fut réglée ; & dès le lendemain je l'attendis comme celle de ma mort.

Seroit-il donc vrai que toutes les horreurs qui reviennent en foule à ma mémoire, eussent été autant d'artifices & d'inventions de Gelin ? O ! ma sœur, aidez-moi à le croire. Mon cœur s'est livré avidement à cette espérance, mais à mesure que les traces du passé recommencent à s'ouvrir, mon esprit chancelle, & je sens renaître toutes mes agitations & toutes mes craintes. Il ne manqua point de me communiquer le lendemain ses observations. Ce n'étoit encore que des remarques vagues, & qui n'ajoutoient rien aux préventions où il m'avoit laissée ; car en me rappellant l'ordre de ses découvertes, il me semble que soit pour ménager ma douleur, soit pour garder plus de vraisemblance, il me conduisit habilement par tous les degrés. Sa crainte paroissoit être de m'affliger trop. Il se faisoit presser pour répondre nettement à toutes mes questions. Dès cette premiere fois, en me racontant qu'il avoit passé plus de deux heures à observer mon infidéle, & en me protestant que malgré la situation favorable où il s'étoit mis pour l'appercevoir, il n'avoit rien découvert qui dût absolument me chagriner; une apparence de contrainte que je croyois démêler malgré lui dans ses expressions & dans ses yeux, me fit soupçonner qu'il affectoit des ménagemens. Vous me déguisez quelque chose, lui dis-je, sans pouvoir retenir mes larmes; vous craignez de m'apprendre tout mon malheur. Et voyant qu'il se défendoit du même air : quoi ? insistai-je avec une funeste curiosité, vous n'avez apperçu ni regards, ni fouris, ni marques d'intelligence ? Vous n'avez rien entendu qui vous ait fait juger de leurs fentimens ? Dieux ! ajoutai-je, j'expliquerois jufqu'à leur filence. Il me répondit d'un ton naïf, & comme furpris de mes doutes, que ce n'étoit point à des circonftances fi légeres qu'il s'arrêtoit ; que je fçavois comme lui que ce badinage leur étoit familier depuis long-tems ; qu'après tout, un mari qui fe tiendroit dans des bornes fi innocentes, ne mériteroit pas qu'on lui en fît rigoureufement un crime, & qu'il fe feroit bien gardé de me faire la moindre ouverture, s'il n'avoit eu des raifons bien plus fortes d'accufer le mien de manquer à ce qu'il me devoit. Il me fit même entendre que s'il ne s'étoit pas expliqué davantage, c'eft que dans des accufations de cette nature le témoignage le plus certain doit être confirmé par des preuves ; & me renouvellant les affurances de fon zéle & de fes foins, il me pria d'en attendre toutes les lumieres que je defirois. Hélas ! m'écriai-je, de quoi donc fuis-je menacée, fi ce qui m'accable déja mortellement ne mérite que le nom de badinage !

Il me laissa avec ce trait dans le cœur, & d'autant plus sensible à la reconnoissance dont je me croyois redevable à son amitié, que je le voyois affligé de ma peine & chargé comme à regret de la triste commission qu'il acceptoit pour m'obliger. Quelques jours se passerent, pendant lesquels il n'eut encore à me rapporter que les signes ordinaires d'un amour qui se déguise en public, & que le remords ou la honte empêche de se satisfaire pleinement, dans le secret même d'un cabinet; car il étoit assidu à tous les postes dont je lui avois abandonné la clef. Enfin je crus remarquer, un jour, qu'il étoit plus rêveur & plus chagrin qu'il ne me l'avoit encore paru. Les regards qu'il me jettoit à la dérobée, pendant que votre présence & celle des autres l'empêchoit de me parler, furent un langage que je crus trop bien entendre. Je suis perdue, disois-je, intérieurement ! Ma Rivale a triomphé ; il l'a vû ; il en gémit ; il cherche quelques détours pour m'annoncer cette fatale nouvelle. Le désespoir étoit prêt à s'emparer de mon cœur, & je ne sçai ce qui empêcha mes transports d'éclater. Tous les momens, jusqu'à l'heure ordinaire de l'explication, furent pour moi des siécles de douleur. Mais loin de lui voir l'empressement qu'il avoit toujours eu pour me prévenir, je me trouvai seule au jardin, qui étoit le lieu marqué pour nos entretiens. Je le fis appeller. Il tarda encore à paroître. Mon impatience ne me permettant plus de garder aucune mesure, je le cherchai moi-même, & je m'apperçus qu'il s'offorçoit de m'éviter. Ce fut alors que ne me possédant plus, & succombant aux mouvemens qui m'étouffoient le cœur, je m'arrêtai dans une salle, par la seule impossibilité de faire un pas plus loin. Je m'assis, croyant n'être observée de personne. Je me livrai aux larmes & à toutes les plaintes qu'un désespoir aussi amer que le mien pouvoit m'inspirer. Cependant il m'avoit suivie apparemment dans toutes mes démarches; car il parut après quelques momens, & prévenant les reproches ausquels il devoit s'attendre, il me demanda pardon d'une lenteur dont le motif, me dit-il, étoit la répugnance qu'il avoit à s'acquitter désormais de ses promesses. Voulez-vous ma vie, continua-t-il? Elle sera employée sans regret à vous prouver mon obéïssance & mon zéle : mais permettez que je commence d'aujourd'hui à garder un silence éternel sur tout ce qui a fait jusqu'ici le sujet de nos entretiens. J'en ai trop dit. Je me suis engagé trop loin ; & pour mon repos autant que pour le vôtre, je dois fermer désormais la bouche & les yeux sur tout ce qui se passe dans cette maison. Non, ajouta-t-il, je ne me sens point capable de voir pousser si loin l'injustice & la cruauté.

Il ne me parut pas douteux que tous mes soupçons ne fussent vérifiés. Cependant la crainte qu'il ne s'obstinât à se taire s'il me voyoit trop touchée du malheur qu'il me faisoit pressentir, me fit prendre un visage plus tranquille pour le presser de parler ouvertement. Vous ne m'abandonnerez pas, lui dis-je, après avoir commencé de si bonne grace à me servir. Je vois ce qui vous refroidit : vous craignez, ou de vous exposer au ressentiment de mon Mari, ou de me causer trop de chagrin par quelque récit qui surpasse toutes les horreurs passées. Mais rassurez-vous contre la premiere de ces deux craintes par le serment que je fais de ne laisser rien échaper qui puisse vous commettre. Pour la seconde, comptez, ajoutai-je, que je n'ai pas le cœur si insensible au mépris, que je sois disposée à m'abîmer plus long-tems dans le désespoir & dans les larmes, si je perds l'espérance de ramener un perfide, ou si j'apprends qu'il porte l'infidélité jusqu'au dernier outrage. Cette réponse parut le satisfaire doublement. Ne doutez pas, reprit-il, que je ne sois fort sensible à deux motifs, dont l'honneur & l'amitié me font une loi presqu'égale. L'honneur de M. Cleveland m'est cher ; & je ne voudrois pas qu'il pût me reprocher de l'avoir exposé par une indiscrétion. Votre repos ne m'est pas moins précieux, & je ne me pardonnerois pas d'avoir contribué à vous rendre inutilement malheureuse. Mais si vous continuez, ajouta-t-il, de me croire digne d'un peu d'estime & de confiance, je pense qu'en effet le seul parti qui vous reste est de chercher votre bonheur dans vous-même, ou du moins de ne le plus faire dépendre d'un mari ingrat, qui n'a même jamais rendu justice à vos sentimens.

Je l'écoutois avec une ardeur qui devoit lui rendre l'indifférence que j'affectois, suspecte. Cependant l'ayant pressé avec de nouvelles instances, de me révéler tout ce qui lui paroissoit assez puissant pour me donner la force de suivre son conseil ; vous me l'ordonnez donc, me dit-il ? hé bien, vous allez connoître jusqu'où l'ingratitude & la dureté peuvent être portées par des hommes ; car l'indignation que j'en ai, s'étend à tout mon sexe, & c'est rendre service en effet à une femme aimable & vertueuse, que de la détromper sur les fausses vertus de tant d'hipocrites. Ce matin, continua-t-il, dans le tems que vous étiez livrée au sommeil, ou peut-être occupée à pleurer votre infortune, l'ardeur de vous servir me rendant attentif à tout ce qui se passoit dans la maison, j'ai vû votre Rivale sortir de sa chambre dans un deshabillé si galant, que je me suis défié de ses intentions. M. Cleveland étoit déja sorti de la vôtre à l'heure qu'il s'en est fait une habitude, & j'avois remarqué qu'au lieu d'aller à la Bibliothéque, il étoit descendu au jardin. Je n'ai pû douter que ce ne fut une partie concertée. J'ai pris un détour, pour chercher une situation propre à les obferver. Ils ont facilité mon deffein ; car Madame Lallin après avoir fuivi les pas de votre Mari jufqu'à l'entrée du jardin, s'eft engagée dans l'allée couverte qui regne à gauche au long du mur, & m'a laiffé la liberté de gagner comme elle le bout du parterre en prenant l'autre allée. Je m'attendois à la voir entrer dans le bois, mais ayant paffé quelque tems fans l'appercevoir, j'ai compris qu'elle s'étoit arrêtée dans le cabinet qui eft de ce côté-là, & je n'ai pas balancé à m'avancer à la faveur du treillage. Mon excufe étoit facile, s'ils m'avoient découvert. Je me fuis placé proche d'une fenêtre, affez favorablement pour tout voir & tout entendre. Difpenfez-moi, ajouta-t-il, de la néceffité où vous me réduifez de vous percer le cœur. Je n'acheverai point un récit qui n'eft propre qu'à mettre le comble à vos peines.

Ma curiofité ne faifant que s'enflammer, je le preffai fi vivement de finir, qu'il m'accorda cette trifte fatisfaction. J'acheverai, reprit-il, vous l'exigez, mais n'accufez que vous-même des nouvelles douleurs que je vais vous caufer. J'ai vû ce que j'aurois refusé de croire sur tout autre témoignage que celui de mes yeux. Il me raconta là-dessus ce que j'ai honte de répéter ; des infamies, des horreurs, les plus lâches transports !.. hélas ! plus d'ardeur & de tendresse que je n'aurois osé prétendre, & que je n'avois jamais obtenu. Mais je passe à un cœur inconstant, reprit-il, je pardonne à un ingrat de se livrer à de nouvelles amours. C'est l'oubli de l'honneur & de la bonne foi qui m'épouvante. Et continuant de m'accabler par d'horribles préparations, il me porta enfin, dans la derniere partie de son discours, le coup qui m'ôta l'espérance, & qui m'a rendue depuis ce fatal moment le jouet d'un aveugle désespoir. Vous n'êtes point mariée, me dit-il, en me regardant d'un œil timide. Quel doute ! interrompis-je en rougissant. De quoi osez-vous me soupçonner ? Ne vous offensez point, repliqua-t-il aussi-tôt, je répete ce que j'ai honte d'avoir entendu. On prétend que votre mariage n'est qu'une vaine cérémonie, parce que vous n'êtes liée que par la main d'un Prêtre Catholique, dont vous ne reconnoissez point la Religion ni par conséquent l'autorité. Sur ce fondement on a promis à Madame Lallin de le rompre, & d'en former un plus durable avec elle, aussitôt qu'on pourra secouer le joug de la bienséance. On s'est plaint de votre humeur mélancolique & de vos caprices. C'est la reconnoissance dont on se croïoit redevable à Mylord Axminster, qui vous a rendue l'épouse de M. Cleveland. Enfin votre tendresse est incommode, votre présence importune ; on continuera de se voir au même cabinet, pour se consoler du chagrin d'être à vous, en attendant qu'on puisse se délivrer tout-à-fait d'une chaîne si pesante, & pour jouir l'un de l'autre avec une liberté qu'on n'a pas à la Bibliothéque, où l'on appréhende à tous momens d'être surpris par M. Bridge ou par vous-même.

J'arrêtai Gelin. C'est assez, lui dis-je, en détournant la tête, comme si ma propre confusion m'eût fait craindre ses regards ; après ce que je viens d'entendre, je n'ai plus d'éclaircissemens à demander. Ma ruine est consommée. Ma funeste curiosité est remplie. Qu'il me méprise. Qu'il me déteste. Qu'il se satisfasse. Il n'aura besoin ni de violence ni d'artifice. Ma mort préviendra son impatience, & lui épargnera des calomnies & des parjures. Je ne suis point mariée ! O ! Dieu, m'écriai-je en rouvrant le passage à mes larmes, n'as-tu pas été témoin de ses sermens ! Ton Saint Nom n'est-il pas également respectable dans toutes les Religions qui reconnoissent ta puissance ? O mon pere ! à qui m'avez vous confiée ! à qui livriez-vous ma jeunesse & mon innocence? Pere tendre & infortuné! votre bonté vous aveugloit. C'est votre crédulité qui m'a perdue. Qu'avez-vous fait de votre fille ? Hélas ! plus heureux qu'elle, la mort vous rend insensible à sa douleur & à sa honte. Elle est restée seule, avec le poids de vos malheurs & des siens. Quoi ! vous n'entendez pas ses plaintes ? Votre cœur ne prend plus d'intérét à ce qui vous étoit si cher ? Ah ! si la mort éteint les sentimens, c'est un bonheur que j'envie, & je le demande au Ciel comme mon unique reméde. Je m'épuisai ainsi en exclamations douloureuses, que Gelin écouta long-tems sans m'interrompre. Enfin reprenant la parole pour me consoler, il m'exhorta à punir, me dit-il, par mon indifference, ceux qui m'offençoient par leur mépris. Il me repréſenta avec tant de force tout ce qu'il y avoit d'outrageant pour moi dans la conduite de mon mari, qu'il me mit en effet pendant quelques momens, dans la diſpoſition de faire tous mes efforts pour l'arracher à jamais de mon cœur. Le mortel reſſentiment qui m'agitoit me fit croire cette entrepriſe facile.

Ce fut apparemment pour fortifier ma réſolution, qu'il me propoſa d'aller ſurprendre dès le lendemain les deux amans au milieu de leurs plaiſirs, & de leur faire connoître moi-même, ajouta-t-il, le parti que je prenois de les mépriſer. Il n'ignoroit pas que j'étois peu capable d'une démarche ſi hardie. Auſſi n'attendit-il point que j'euſſe réjetté ſa propoſition pour convenir que l'exécution en étoit difficile, & pour m'en faire appercevoir tous les dangers. Mais il faut du moins, me dit-il, que vous vous aſſuriez de l'état de leurs amours, par vos propres yeux. Il pourroit vous reſter des doutes ſur mon ſeul temoignage. Je vous conduirai demain au même lieu d'où je les ai obſervés, & d'où vous aurez le même spectacle, si vous avez le courage de le supporter. Je ne lui marquai pas moins d'éloignement pour ce dernier parti, quelque facilité qu'il me fît voir à le suivre. Quelle autre preuve ai-je à désirer, lui dis-je, que le souvenir du passé, & la vûe continuelle de ce qui se passe à mes yeux ? Je ne serois pas maîtresse de mes transports au spectacle odieux que vous m'offrez. Pourquoi voulez-vous que je m'expose à dévoiler ma honte, & que je redouble peut-être le triomphe de ma Rivale, en lui faisant connoître que j'en suis informée, & que j'ai la foiblesse d'y être trop sensible ? Peut-être s'attendoit-il encore à ces difficultez ; mais confessant qu'elles lui paroissoient fortes, il me pressa de me rendre du moins dans le cabinet qui faisoit face à celui du rendez-vous, pour observer tout ce que je pourrois découvrir à cette distance.

J'y consentis. Le reste de ce malheureux jour fut encore plus triste pour moi, par l'affreuse contrainte où je le passai. J'évitai l'entretien & les regards de mon mari, comme si j'eusse appréhendé qu'il n'eût découvert, au fond de mon cœur les effets de sa trahison. Le soir, au lieu de me retirer avec lui, je fis naître des prétextes pour demeurer auprès de mon Grand-Pere; & sous l'ombre d'une légere incommodité qui le retenoit au lit depuis quelques jours, je passai toute la nuit dans son appartement. Jamais le repos ne m'avoit été si nécessaire; cependant j'eus les yeux ouverts dès le matin, & sans sçavoir précisément le motif qui me conduisoit, j'errai long-tems dans toutes les parties de la maison. Je rencontrai Gelin. Ecoutez, lui dis-je en le prévenant, j'ai changé de dessein; je veux me placer contre cette fenêtre, d'où l'on peut voir tout ce qui se passe dans le cabinet. Il parut surpris; mais se remettant avec un peu de réflexion, il me rappella toutes les raisons que je lui avois opposées moi-même, & il les fortifia par de nouvelles difficultez. J'avois pensé d'abord, ajouta-t-il, que cette place pouvoit être occupée sans danger, & je m'y exposai hier témérairement; mais l'ayant examinée depuis, j'ai remarqué qu'il n'y a qu'un bonheur extrême, où l'étrange sécurité des deux amans, qui les ayent empêchés de m'appercevoir.

Vous

Vous n'y feriez pas un moment fans être apperçûe. Eh ! qu'importe, repris-je ; quelles mefures ai-je à garder avec deux perfides ? N'eft-il pas jufte que je les couvre de honte ? C'eft ma réfolution. Je veux que leur infamie éclate. Comme l'ardeur de ces inftances ne venoit que de mon agitation, il n'eut pas de peine à me faire rentrer dans fes idées, fur tout lorfque me repréfentant que j'allois l'expofer au reproche d'avoir femé la diffenfion dans ma famille, il m'eut menacée d'interrompre fes fervices fi je refufois d'avoir pour lui quelques ménagemens.

Nous ne tardâmes point à gagner le cabinet. Il étoit environ fept heures, c'eft-à-dire, à peu près le tems auquel mon mari retournoit à fes livres. Nous avions pris notre chemin avec beaucoup de précautions, par une des allées couvertes. En entrant dans le cabinet, Gelin me dit qu'il n'ofoit y demeurer avec moi, non feulement par le refpect dont il vouloit que fon zéle fût toujours accompagné, mais par la crainte de nous expofer nous-mêmes aux foupçons de la médifance, dans le tems que nous a-

K.

vions les yeux si attentifs sur la conduite d'autrui. J'approuvai ce sentiment, & je me contentai de lui demander quelques explications qui pouvoient servir à mes espérances. Les deux cabinets étant aux deux angles du parterre, on pouvoit appercevoir de l'un, par l'allée de communication, tout ce qui entroit dans l'autre, & je ne doutai point que malgré la largeur du jardin, je ne pûsse distinguer parfaitement mon infidelle. Gelin me quitta ; mais à peine étoit-il sorti que revenant sur ses pas, il me témoigna un nouveau scrupule. Dans le trouble où vous êtes, me dit-il, j'appréhende quelque transport, qui vous seroit peut-être aussi pernicieux qu'à moi. Vos ressentimens sont justes, mais la prudence vous oblige de les dissimuler. Permettez, ajouta-t'il, que je vous enferme ici, seulement pour une heure, & que cette clef m'éponde de votre modération. Je ne m'opposai point à son dessein ; l'impatience & la crainte m'ôtoient déja la respiration, & je le vis emporter la clef sans lui dire un seul mot.

Etant seule, je tins le visage collé plus d'un quart d'heure sur la fenêtre, du côté du cabinet. J'accoutumois mes yeux à tous les objets qui étoient au bout de l'allée, & aux environs de la porte, pour disposer mon imagination à ne rien confondre. Enfin j'apperçus mon mari. Il étoit en robbe de chambre. Il avoit un mouchoir à la main, dont il se couvroit la bouche. Son air étoit inquiet, du moins si j'en pouvois juger par sa démarche ; car il tourna deux fois la tête, & lorsqu'il fut proche du cabinet, il acheva les quatre pas qui lui restoient à faire, avec beaucoup de précipitation. De quels mouvemens n'étois-je point agitée ! Je m'attendois de voir paroître aussi-tôt ma Rivale. Elle ne parut point. Mon cœur en fut soulagé quelques momens. Je me flattai que leurs mesures étoient rompues par quelque événement, que la bonté du Ciel pourroit faire tourner en ma faveur. Je conjurai toutes les Puissances célestes de confirmer cet augure. Je soupirai d'espérance, & je trouvai de la douceur dans une si foible ressource. Mais une autre pensée fit évanouir tout d'un coup cette chimere. Helas ! je la crois éloignée, me dis-je à moi-même, j'ose me flatter qu'elle ne paroîtra point ; mais qui m'assure

K ij

qu'elle n'étoit point la premiere au rendez-vous, & qu'elle ne fût pas descendue au jardin lorsque j'y suis entrée? N'en ai-je pas dû juger par l'ardeur avec laquelle mon mari s'est élancé dans le cabinet? Ah! je ne m'abuse point. Ils y sont ensemble. Elle est dans ses bras. Ils s'enyvrent de délices. Ils insultent à mon désespoir. O Dieux! vous ne les punissez pas. Dans le transport qui s'empara de tous mes sens, ce fut un bonheur en effet que Gelin eut pris la clef à son départ. Peut-être ma foiblesse ne m'auroit-elle pas permis de faire deux pas sans perdre la connoissance & même la vie; mais je serois sortie du cabinet, j'aurois poussé des cris lorsque les forces m'auroient abandonnée pour marcher, & j'aurois porté la terreur & la honte au milieu de leurs criminels plaisirs.

Je passai dans cette déplorable situation tout le tems qu'ils demeurerent ensemble; car de quelque maniere que je doive interpréter aujourd'hui leurs rendez-vous, il est certain que je n'ai pas été trompée par des fantômes, & que je les vis sortir avec des marques extraordinaires de joie & de bonne intelligence.

Mon mari portoit la robbe de Chambre que je lui avois vûe deux jours auparavant. Elle avoit le bras appuyé sur le sien, & quoique je ne pûsse la distinguer si aisément, parce qu'elle marchoit entre le mur & lui, il étoit clair qu'une femme avec laquelle il venoit de passer une demie heure à l'écart, & qu'il caressoit encore avec tous les empressemens de l'amour, ne pouvoit être que ma Rivale. Aussi la nouvelle agitation que je ressentis à cette vûe, me fit-elle tomber évanouie, sans aucun reste de sentiment.

Ma Sœur qui avoit écouté tout ce récit avec un profond silence, ne put entendre ces dernieres circonstances sans jetter un cri qui obligea Fanny de s'interrompre. Arrêtez, chere Fanny, lui dit-elle avec saisissement, écoutez-moi. Ah! ma Sœur, plaignez plus que jamais vos disgraces; ou plûtôt benissez le Ciel, car je ne puis décider si c'est de la douleur ou de la joie que vous devez ressentir. Mais, ô malignité détestable! ô perfide Gelin. Ciel! des hommes si méchans font-ils l'ouvrage de tes mains? Ecoutez-moi, continua-t-elle, malheureuse victime de l'amour & de la jalousie, apprenez que si toutes les causes de vos peines, & celles de toutes les injustices que vous avez faites au meilleur de tous les hommes, n'ont jamais eu plus de réalité que votre dernier récit, vous êtes coupable de tous vos malheurs & de tous les siens. Jugez de tout ce qui vous reste à dire, par ce que j'ai moi-même à vous raconter. Ce rendez-vous mistérieux de votre mari & de Madame Lallin, ces horreurs, ces infamies, ces projets de séparation, & tout ce noir commerce dont les images vous troublent encore l'esprit, sont autant d'inventions d'un scélerat qui s'est joué de votre tendresse & de votre crédulité. Vous m'apprendrez sans doute à quoi des impostures si affreuses ont abouti. Helas ! plût au Ciel que les effets n'en fussent pas plus réels que les causes ! Mais voici le témoignage que je me hâte de vous rendre, en attendant ceux que je vous prépare encore. Elle lui apprit ensuite que c'étoit elle-même & Gelin, qu'elle avoit pris pour Madame Lallin & pour moi dans le cabinet du jardin, & que la robbe dont Gelin lui avoit paru couvert, étoit en effet une des miennes qu'il portoit ce jour-là. Je me rappelle en un moment, pourſuivit-elle, des circonſtances auſquelles je n'aurois jamais cru le moindre rapport avec votre hiſtoire. En les comparant avec celles de votre récit, je trouve que ce fut trois jours avant l'avanture du jardin, que Geliñ vint me demander ſous quelque prétexte une des robbes de mon mari ou de celles du vôtre. Les ſiennes, ſi je ne me trompe, avoient beſoin de quelque réparation. Je lui en fis porter une de Mr. Cleveland, parce qu'elle convenoit mieux à ſa taille. La chaleur incommode de la ſaiſon, & quelques raiſons de ſanté m'obligeoient dans le même tems de me lever à la pointe du jour, & d'aller prendre la fraîcheur du Bois. Je revenois enſuite au cabinet, où je me repoſois en faiſant quelque lecture. Il ne faut pas douter que Geliñ n'eût fait toutes ces obſervations, & qu'il n'eût formé là-deſſus ſon damnable artifice. En effet je fus fort étonnée de le voir entrer dans le cabinet, tandis que j'étois à lire. Il contrefit lui-même de la ſurpriſe en m'appercevant, & je me ſouviens qu'il affecta, comme vous dites, d'entrer d'un air peu meſuré, pour me faire croire apparemment qu'il ne s'attendoit point de m'y trouver. Je n'ai pas oublié non plus qu'il avoit la robbe de mon frere, & qu'il tenoit son mouchoir à la main. Il me dit quelque chose de civil sur la hardiesse qu'il avoit de m'interrompre; & ne manquant jamais de matiere pour engager la conversation, il trouva insensiblement le moyen de m'arrêter près d'une demie heure. Enfin je fis réflexion qu'il ne me convenoit point d'être si long-tems seule avec lui. Je lui proposai de nous retirer. Il badina sur mes scrupules, & m'ayant offert la main, il me conduisit à mon appartement avec des galanteries affectées, & placé comme vous venez de le représenter. Il me quitta aussi-tôt, en me disant qu'il alloit prendre un habit plus décent.

Une explication si nette & si précise produisit des effets surprenans sur mon épouse. Après l'avoir entendue avec une attention qui ne lui laissoit pas un moment pour respirer, elle baissa la tête sur les genoux de ma Sœur avec le même silence, & tenant son visage collé sur ses mains qu'elle mouilloit de ses larmes, elle demeura long-tems dans cette posture

ture, sans faire entendre autre chose que des soupirs. Ma Sœur qui n'osoit encore interpréter ces apparences de douleur, lui demanda si elle trouvoit quelque difficulté dans son récit, ou quelque chose de douteux dans son témoignage. Ah ! répondit-elle, pourquoi soupçonnerois-je une Sœur que j'aime, & qui m'a toujours aimée ? Comment trouverois-je de l'obscurité dans des circonstances qui ne parlent que trop clairement contre moi ? Il est vrai, continua-t-elle, qu'avec tout le penchant que j'avois à vous croire, j'étois arrêtée malgré moi par le nœud fatal que vous venez d'expliquer. Hélas ! pouvois-je en démentir mes yeux ? Pouvois-je penser que la jalousie eut altéré jusqu'à mes sens, & changé pour moi l'ordre de la nature ? Ha ! je respire enfin. Quel service vous m'avez rendu ! Plus j'envisage à présent les suites d'un transport insensé, plus mes lumieres redoublent avec ma douleur & ma confusion. Mais qu'ai-je fait ! ajouta-t-elle ; quelle espérance que Cleveland me pardonne, & qu'il oublie jamais mes injustices ? A quels tourmens ne l'ai-je pas peut-être exposé ? Mais hélas ! il est impossible qu'ils ayent surpassé les miens. Estes-vous sûre, reprit-elle, qu'il ait souffert quelque chose de mon absence, & que tout le reste s'accorde avec le témoignage que vous me rendez ? Vous me faites tant de questions ensemble, lui dit ma Sœur, qu'il m'est impossible de vous satisfaire tout à la fois. Mais revenons plûtôt à votre narration, & comptez que toutes vos allarmes doivent finir, si c'est de notre tendresse que vous avez douté.

Que vous me consolez ! répondit-elle; & se rappellant l'endroit de son discours, où ma Sœur l'avoit interrompue, elle le continua ainsi. Mon évanouissement dura jusqu'au retour de mon perfide Confident, qui fut sans doute fort surpris de me trouver étendue au milieu du cabinet. Cependant le bruit qu'il fit en ouvrant la porte, & l'air qui vint me fraper le visage, ayant servi à rappeller mes esprits, il n'eut point d'autre embarras que celui de me tendre la main pour me relever. Il me témoigna un égal regret, & du spectacle que j'avois eu, & de l'impression trop violente qu'il lui paroissoit faire sur moi. C'étoit néanmoins, me dit-il, un reméde qu'il avoit cru nécessaire, & sans lequel j'étois peut-être condamnée à traîner languissamment le reste de mes jours, misérablement partagée entre les soupçons, les craintes & les autres tourmens de l'inquiétude. Il ne doutoit point, ajouta-t-il, qu'un si noir exemple d'inconstance & d'infidélité ne me fît prendre le seul parti qui convenoit à une femme d'esprit & d'honneur ; & trop heureux de m'avoir prouvé son attachement par un service si essentiel, il me promettoit d'exécuter aveuglément toutes mes résolutions.

J'étois tellement possédée de mes funestes imaginations, que je crus devoir des remercimens à ce monstre. Je les fis tels qu'une reconnoissance si mal conçue pouvoit me les inspirer dans le désordre & la foiblesse où j'étois ; & sans m'expliquer sur des résolutions qui étoient encore fort obscures pour moi-même, je le priai de me remettre, non dans l'appartement de mon mari, où rien n'auroit été capable de me faire rentrer, mais dans celui qui étoit le plus voisin du vôtre. Je vous fis prier aussi-tôt d'y venir, & vous eutes pour moi cette complaisance ; je vous confessai que j'étois dangereusement malade ; que la crainte d'être incommode à mon mari, me faisoit prendre un autre lit que le sien ; & que n'espérant sortir de celui où j'allois entrer que pour être portée au tombeau, je n'avois rien de si cher à desirer que votre présence & vos consolations. Ce langage parut vous causer autant d'étonnement que de douleur. Vous vous efforçâtes de me faire prendre d'autres idées de mon mal ; & je remarquai aisément dans vos discours & dans vos regards que si vous n'en connoissiez pas la véritable source, vous ne le regardiez pas non plus comme une infirmité ordinaire. Mais j'étois résolue de dévorer éternellement mes peines ; & si je n'avois pas assez de force pour les vaincre, d'y succomber du moins sans faire éclater ma honte.

L'ardeur avec laquelle je vis accourir M. Cleveland à la premiere nouvelle de ma maladie, ne me parut qu'un nouvel artifice, & toutes ses caresses autant de trahisons. Je le repoussai même, comme si mon abattement ne m'eût fait désirer que la solitude & le repos, & je me fis un effort pour lui repréſenter avec douceur que les approches de la mort n'étoient pas faites pour la tendreſſe. Il parut fort ſenſible à ce diſcours ; mais je ne répondis à ſes plaintes que par des ſoupirs. Pour Madame Lallin qui s'empreſſa auſſi de me rendre des ſervices & des ſoins, je lui déclarai honnêtement que la vûe de tant de ſpectateurs m'étoit importune, & que j'avois beſoin de tranquillité & de ſilence. Auſſi, ſoit fierté, ſoit complaiſance, elle me délivra du chagrin de la voir trop ſouvent. Je ne voyois volontiers que vous & mon Frere ; vous fûtes tous deux ma plus fidelle & ma plus douce compagnie. Les aſſiduitez de Gelin même m'auroient déplû, & je le preſſai pluſieurs fois de ſuivre moins ſon zéle que la bienſéance, qui ne lui permettoit point d'être ſans ceſſe auprès de mon lit, comme il ſembloit le ſouhaiter. Ce n'eſt pas que j'euſſe la moindre défiance de l'indigne paſſion qu'il avoit déja conçue pour moi, & dont la connoiſſance, que je ne dois que depuis deux jours à la bonté de Madame, a commencé dès le premier moment à me faire ouvrir les yeux ſur mon malheur & sur ses crimes. Mais quelque prix que mon aveuglement me fît attacher au service qu'il m'avoit rendu, je ne pouvois voir sans frémir celui qui m'avoit fait sentir toute ma misere, en m'en découvrant de si noires circonstances. Sa présence rapprochoit de mon imagination tous les détails qu'il m'avoit racontés. En le voyant je croyois voir tous mes malheurs à la fois. Ainsi quoique je le regardasse sur le pied d'un homme à qui je devois de la reconnoissance, & qui pouvoit encore m'être utile, je ne sentois pas même pour lui le penchant de l'amitié, & je l'écoutois plus par intérêt que par inclination.

Avec quelque précaution que j'expliquasse les soins & les discours passionnés de mon mari, je ne laissois pas de lui remarquer dans plusieurs occasions un air de sincérité que je ne le croyois pas capable de contrefaire. La constance avec laquelle il passoit auprès de moi les jours & les nuits, étoit un autre sujet d'embarras; car il falloit pour demeurer assidûment dans ma chambre, qu'il se privât de la satisfaction de voir Madame Lallin. C'étoit du moins une violence qu'il paroissoit se faire en ma faveur, & ce sacrifice me disposoit quelquefois à croire qu'il conservoit encore pour moi un reste d'affection, que le triste état où j'étois réduite, avoit pû réveiller. Pourquoi ne me serois-je pas flattée de le ramener tout-à-fait par ma douceur, par ma tristesse & ma soumission ? Mon cœur se repaissoit quelquefois de cette espérance. Mais Gelin qui sembloit deviner toutes mes pensées, ou qui avoit l'adresse de me les faire expliquer, ne manquoit pas d'étouffer aussi-tôt ces mouvemens favorables par quelque nouvelle imposture qui me replongeoit dans toutes mes agitations. C'étoit un rendez-vous accordé pendant mon sommeil, une faveur prise à la dérobée, un mot qu'il avoit entendu, & qui marquoit ou l'ennui qu'on avoit auprès de moi, ou l'impatience avec laquelle on souhaitoit la fin de cette contrainte. J'avois honte, après l'avoir écouté un moment, de m'être laissée tenter par le moindre desir ou par le moindre espoir.

Cependant je dois confesser que c'est à cette complaisance, dont mon mari ne se relâcha point pendant cinq ou six semaines, que je fus redevable de mon rétablissement. Malgré ma douleur & souvent malgré mon indignation, je ne pouvois me croire tout-à-fait malheureuse, lorsque je le voyois attentif à tous mes besoins, sensible en apparence à mes moindres inégalitez, & prompt à m'offrir toutes sortes de secours. Il me procura divers amusemens, qui servirent encore à me distraire un peu le cœur & l'esprit, quoique Gelin s'efforçât avec sa malignité ordinaire de me les faire regarder comme autant de voiles qu'on employoit pour me tromper.

Enfin ma santé s'étant rétablie, je vécus quelque tems, sinon avec plus de douceur, du moins avec plus de constance, parce que je m'étois accoutumée sur la fin de ma maladie à me contenter des marques extérieures de civilité & d'estime qu'un honnête homme ne sçauroit refuser à une femme sans reproche. D'ailleurs Gelin qui vouloit sans doute ménager ma vie, ou qui craignoit peut-être que je ne découvrisse son imposture à la longue, m'avertit que les rendez-vous du cabinet étoient interrompus, & qu'on ne se voyoit plus qu'avec beaucoup de